만능열쇠
자 신 감

만능열쇠 자신감

발행일   2024년 2월 7일

지은이   문덕연
펴낸이   손형국
펴낸곳   (주)북랩
편집인   선일영   편집   김은수, 배진용, 김다빈, 김부경
디자인   이현수, 김민하, 임진형, 안유경, 신혜림   제작   박기성, 구성우, 이창영, 배상진
마케팅   김회란, 박진관
출판등록   2004. 12. 1(제2012-000051호)
주소   서울특별시 금천구 가산디지털 1로 168, 우림라이온스밸리 B동 B113~114호, C동 B101호
홈페이지   www.book.co.kr
전화번호   (02)2026-5777   팩스   (02)3159-9637

ISBN   979-11-93716-08-3 03190(종이책)   979-11-93716-09-0 05190 (전자책)

(주)북랩 성공출판의 파트너

북랩 홈페이지와 패밀리 사이트에서 다양한 출판 솔루션을 만나 보세요!

홈페이지 book.co.kr   •   **블로그** blog.naver.com/essaybook   •   **출판문의** book@book.co.kr

---

작가 연락처 문의 ▸ ask.book.co.kr

작가 연락처는 개인정보이므로 북랩에서 알려드릴 수 없습니다.

인생의 성공은 자신감으로부터

만능열쇠
자 신 감

문덕연 지음

굳건한 자신감이야말로 인생의 만능열쇠!
고개 숙인 청춘을 위한 자신감 충전법

북랩

서 문

삶에서 가장 큰 승리는 나와의 싸움에서 이기는 것이다. 나를 이기는 것이 곧 인생에서 가장 위대한 성공의 삶이라고 본다. 이 투쟁에서 오직 승리만이 옳은 해답이다. 자신감, 확신감, 당당함, 이 모든 것들은 나 자신과 싸워 승리를 거둔 소산물이라고 말할 수 있다. 현대사회에서 수많은 정보가 넘쳐나고 수많은 앱들의 출현으로 쉽게 얻어지는 모든 일상들, 우리의 마음은 이것들로 인해 각자의 귀중한 잠재력과 창의력과 능력을 스스로 포기한다. 개척하는 것보다 편함의 타성에 쉽게 빠져든다. 서서히 끊

만능열쇠 자신감

는 가마솥에서 죽어가는 개구리와 같은 존재가 되고 있다. 우리에게 결국 달콤한 미끼로 유인하여 결국은 허무한 죽음에 이르게 한다. 이러한 환경에서 깨어나는 방법은 자신감의 훈련과 축적이다.

자신감은 외적으로 강하게 보이는 오만한 행동과 말, 즉 '무엇이든 다 할 수 있다'라는 헛된 외침이 아니라 인간의 덕목을 갖추어야 하고 겸손함, 인내가 필수다. 자신감의 존재는 우리 삶에서 가져야 할 옵션이 아니라 필수품이다. 자신감은 수많은 장애물과 공격을 물리치고 예방하는 대단하고 든든한 전투병이요, 첨단 무기요, 반드시 갖추어야 할 수단이다.

인간은 누구나 자신들 속에 많은 적들을 갖고 있다. 자살, 디프레스, 두려움 등 여러 증상들이 전염병처럼, 독버섯처럼 번지고 있다. 특히 수년간 계속된 코비드-19는 두려움, 외로움 등 정신적인 피폐를 불러왔고 식구와 이웃과의 관계를 끊어놓고 고립시켰다. 이러한 불안감의 결과 알콜, 마약과 약물 남용, 폭력, 그리고 사회의 불안감에 따른 수많은 홈리스, 여러 범죄들이 급격히 치솟았다.

그것들에 대한 적극적인 방어와 강력한 대응책이 필요하다. 이러한 강력한 무기가 바로 자신감이다. 자신감이 결핍되면 세상과 환경에 타협하고 항복하고 남의 눈치만 보며 끌려다니는 실패의 삶이 된다. 새롭고 강력한 첨단 무기를 갖고 전쟁에 임한다면 나의 승리는 보장이 된다. 자신감의 확립은 곧 잘못된 나의 생각, 가치, 진실 등이 바뀌며 새롭게 '재창조'되는 과정이다. 그 과정에서 희열감도 맛본다.

필자는 실생활에서 쉽게 적용할 수 있는 방법들을 위주로 적어놓았다. 나의 삶이 어떻게 달라지는가? 꾸준히 적용하고 훈련한다면 변화되는, 그리고 분명히 보장된 새로운 나를 발견할 것이다. 나의 삶은 자신감과 기쁨과 활력이 넘치는 승리자의 삶으로 변할 것이다.

2024년 2월
저자 문덕연

차례

나의 정체성

정체성의 확립, 즉 '나'를 확실하게 알아가는 단계다. 자신감에 없어서는 안 될, 매우 중요한 요소다. 나를 안다고 함은 인생의 문을 여는 열쇠와 같다. 이 열쇠는 안개 자욱한 인생길, 방황하는 인생길 환하게 밝히며 옳은 길로 안내하는 도구다. 모두들 자신을 안다고 하나 실상은 25~30% 정도에 지나지 않는다. 정체성에 대한 이야기는 많이 들어왔으나 명확한 뜻은 모르는 사람이 대부분이다. 우리 모두는 같지 않다. 각자 생김새가 다르듯 타고난 개성과 성격, 취미, 자라온 배경, 그리고 삶의 목적도 같지 않다. 바로 나에 대한 정체성이다. 나는 누구인가? 나는 왜 이 세상에 태어났나? 우리는 이러한 추상적인 질문에 쉽게 답할 수 없다. 모두 자신들은 스스로 자신을 너무 잘 알고 있다고 생각한다. 그러나 피상적이고 겉핥기식 내용이다. 질문 자체가 생소하고 관심조차 없다. 중요한 핵심의 사실은, 나는 세상에서 쓰임을 받는 도구로 태어났다는 것이다. 단지 간단히 겉만 보는 피상적인 내가 아니라 뒤에 감추어진 깊고, 넓고, 진실한 미래지향적 측면에서 나를 보는 눈이다. 나의 삶에 대한 중요한 목적을 찾아내고 깨닫는 것이다. 이것이 바로 나의 고유한 정체성의 발견이다.

'나'에 대한 전반적인 분석 그리고 진정한 가치를 다시 깨닫는 것은 그에 따라 올바른 삶의 방향을 설정하는 데 매우 중요한 역할을 한다. 나의 고유한 가치 평가를 어떻게 생각하는지에 대한 설문에서 놀랍게도 '모른다'가 우리의 답이다. 불행스럽게도 '자신이 특별하다' 혹은 '만족스럽고 자랑스럽다'라고 하는 사람들은 20% 미만이라고 한다. 대부분 존재에 대하여 수치스럽게, 그저 그렇게 생각하고 전혀 자랑스럽게 생각하지 않는다. 오히려 낳아주신 부모를 원망하며 나의 외모가, 혹은 성격이 더 잘생긴 연예인이나 잘나가는 돈 많은 이웃 친구처럼 태어나길 원한다. 나 자신을 실수 투성이며 보잘것없는 존재, 의심과 좌절 가운데 아픔이 있고 실패작, 또한 별 볼 일 없는 그저 그런 존재라고 여긴다. 단편적이고 겉으로만 판단하는, 단지 외적이고 물질적인 것으로 나의 가치를 판단하는 기준점이다.

인간의 속성은 물질과 권력에 대한 욕심, 이기심, 그리고 헛된 꿈이 많아 돈만 많이 벌고 권력도 행사하며 나와 내 가족이 잘되는 것만 인생 최고의 성공이라고 생각하고 모두가 그것에 매진한다. 오직 내가 물질적으로 성공하는 것, 사회적 위치가 높은 것 외에는 다른 인생의 가치는 두지 않는다. 나는 오직 돈과 명예, 권력을 위해 태어났고 그것을 성취하는 것이 나의 전체를 대표하는 것이다. 그러나 이것들은 실망스럽게 한순간에 없어지고 영원하지 않은, 신기루 같은 존재다. 이러한 이기적인 발상은 내가 세상 떠난 후에 아무런 가치가 없는 존재가 된다. 우리 모두 창조의 귀중한 의미가 있다. 특히 인간은 모두 귀중한 존재로 태어났기에 어느 날 왔다가 쓸모없이 사라지는 존재가 아니다. 하늘에 계신 고귀한 분의 이미지를 갖고 태어났다. 귀한 존재라는 정의는 각자 쓰임을 받고 기여하는 목적으로 만들어졌다. 아울러 세상에 빛과 소금의 역할을 하는 목적이 있는, 가치 있는 귀중한 자신으로 보는 것이다.

세상 떠날 때 가져갈 물건은 하나도 없다. 모두 세상에서 수명을 다한 후 빈손으로 세상을 떠나야만 한다. 누구나 예외는 없다. 단순히 나만의 이익과 명예를 위하여 살았다면 가치 없는 허무한 삶이요, 잘못된 삶이다. 세상에 사는 동안 우리는 각자 삶의 흔적을 남겨야 한다. 흔적이란 좁은 이기심에서 벗어난 넓은 뜻의 흔적이다. 자신감의 시작은 각자 정체성의 중요한 발견에서 시작된다. 나를 우연히 태어난 존재로 보는 것이 아니라 나는 누구인가? 하는 질문을 던져보고 나만의 정체성은 무엇인지? 왜 이 세상에 태어났는지? 이제부터 고민하고 찾아보자. 물론 찾기가 간단하지는 않다. 우리의 삶이란 부모님에 의하여 우연히 태어나 주어진 대로 사는 것이 대부분의 삶이다. '나'에 대한 철저한 분석과 나에 대한 정체를 솔직하게 알아보자. 이것은 '나'와의 작업이다.

'나'는 이 세상에서 유일한 존재다. 과거에 없었고 미래에도 나하고 똑같은 사람은 존재하지 않으며 나는 오직 지금만 유일하게 존재한다. '나'라는 존재는 인생 가운데 떠나면 그만이다. 세계 인구 75억 명 가운데 나와 똑같은 사람은 없다. 셀 수 없는 수많은 모래알 같은 숫자다. 모두 생김새가 다르다. 일란성 쌍둥이라도 머리카락과 지문이 다르다고 한다. 그가 창조한 수많은 것 가운데 '제일 명품'이라고 칭하였다. 여기에는 나에 대한 창조주, 하나님의 창조의 원리가 내포되어 있다. 그런데 나의 존재가 우연이라는 하찮은 표현을 할 수 있을까? 나의 태어남은 오래전에 계획된 매우 중요한 큰 사건이다. 매우 중요한 존재, 천하보다 귀한 존재가 된다. 말했듯이 중요하고 유일한 존재에는 반드시 삶의 목적이 있다. 이러한 관점에서 '나'를 연구하고 심도 있게 관찰하는 것이다. 나의 위치가 보잘것없다고 나의 존재를 무시하거나 한탄해서는 안 된다. 왜냐하면 나 자체가 매우 귀중한 존재로 태어났기 때문이다.

'나'를 발견하는 것이 세상에서 가장 위대한 발견이라고 이야기한다. 세상에서 아무리 크고 귀중한 다이아몬드, 보석이나 골동품이라도 '나'처럼 귀중하지는 않다. 이것들에는 숨쉬는 영혼과 생명력이 없다. 없어지면 그만이다. 그러나 인간은 그보다 월등한 가치가 있다. 나와 똑같은 생각과 행동을 지금 하고 있는 사람은 아무도 없다. 우연히 어느 날 부모님이 서로 만나서 그 가운데 태어난 하찮고 평범한 존재가 아니다. 이렇게 보기에는 너무나 인간의 가치를 생명이 없는 물건으로 생각하고 있다. 우리들은 또한 지구를 정복하고 지배하고 창조하는 큰 능력을 갖고 태어났다. 그것이 바로 각자 가지고 있는 장점들 그리고 달란트다. 이것을 개발하고 발전시키는 것은 나의 책임이고 임무다. 이렇게 능력 있고 멋지게 만들어진 나를 하나님의 뜻대로 쓰임을 받는 도구로 지음을 받은 것이다. 과거를 돌아보고 잘했다고 칭찬받은 모든 것들, 마음속에서 하고 싶은 것들, 관심이 많은 것들을 집중적으로 조명해야 한다. 이것으로 쓰임을 받는 삶의 시작이다.

호랑이가 가죽을 남기듯 우리는 각자의 이름, 흔적을 남겨야 한다. 우리 모두는 하나님의 창조물 가운데 가장 놀랄 만한, 위대한 창조물이다. 창조 계획 가운데 전능하신 하나님에 의하여 만들어졌기에 이곳에 나의 진정한 정체성과 삶의 방향이 존재하고 있다. 내 삶의 목적, 즉 나는 어디로 갈 것인가? 우리 모두 하나의 목적을 향하여 인생길을 떠나야 하는 삶이다. 하고 싶은 일은 무엇인가? 진실되고 가치 있는 일이 무엇인가? 자문해본다. 구체적인 인생의 목표에 대하여, 그중에는 현실에 맞지 않는 부분도 있을 것이다. 삶에서 잘했던 순간들, 기억하기 싫고 숨겨져 있는 상처, 실수도 모두 적어본다. 나 자신을 알아가는 과정이다. 그러한 시점에서 답변은 좁혀지며 서서히 마음에 다가온다. 이러한 과정을 거치며 새로운 나를 발견하고 또한 상황을 인정하는 가운데 숨겨진 상처가 치료도 되며 도전과 힘을 받으며 나의 정체성을 발견하는 귀한 순간들이다. 나의 장단점을 노트에 기록하며 과거와 현재와 미래를 보며 진정한 나의 가치를 찾는다. 마음속 깊은 곳에서 강하게 그리고 오랫동안 꿈꾸고 하고 싶은 일들을 정리해본다. 그 점에 집중하며 그것을 통하여 나의 정체성이 확립되고 인생의 목적과 방향이 정해진다.

하나님이 창조하신 나의 가치를 그의 뜻에 합당하게 쓰임을 받는 도구로 사용하는 것, 그것이 바로 진정한 나의 정체성을 발견하는 것이다. 어린 시절부터 시작하여 소년기, 청년기 등 현재에 이르기까지 기뻐했거나 슬펐던 내 삶의 순간들, 중요한 인생의 전환기 등 자세하게 순간순간 조명해 나를 알아가는 것이다. 나의 마음이 흥분되고 끌리는 곳은 어디인지? 내가 무엇을 잘하는지? 내가 잘할 것만 같은 것은 어느 것인지? 나의 단점은 무엇인지? 싫어하는 것은? 진정 내가 원하는 것은? 조용한 시간에 나를 솔직하게, 철저히 분석하고 연구해보자. 나와의 솔직한 대화가 필요하다. 자신과의 여러 질문에서 나를 찾고 그 결과에서 나오는 정체성과 인생의 방향이 있다.

수많은 새로운 기술과 정보가 넘쳐나는, 급변하는 현실에서 나를 찾는 것은 쉽지가 않다. 더욱이 나를 중요한 존재로 생각하지 않기 때문에 생각도 못 할 수 있다. 베스트셀러 책이나 유명한 예술 작품에는 작가가 의도하는 고유의 정체성이 잘 나타나 있다. 모두는 주위 사람들을 의식하고 세상 풍조에 민감하다. 특히 부모님들의 이기적인 개인 의견이 나의 장래와 삶을 대표하는 듯한 분위기다. 중요한 포인트는, '나는 나다'. 그러나 안타깝게 현실, 세상 풍조에 의하여 나의 장래가 결정된다. 흔히들 남들이 하니까, 혹은 이것이 미래가 밝은 분야이기에 그곳에 올인하는 것은 잘못된 목적이 될 수 있다. 물론 장래의 가능성도 생각하고 전문가의 자문도 받아야 한다. 중요한 것은 나를 내 인생의 주인으로 보며 삶의 운전자로 보는 생각이다. 이기적이고 얕은, 그리고 단편적인 생각에서 벗어나야 한다. 많은 인생길 가운데 어느 길로 가느냐? 물론 지금 하는 일을 당장 포기하고 다른 길로 간다는 것이 아니다. 이것은 순간의 잘못된 감정일 수 있다. 지금의 현실에 최선을 다하고 삶에 관하여 긍정적인, 심도 깊은 눈으로 봐야 한다. 물질적인, 이기적인 것에 중점을 두는 것보다 내가 태어난 목적에 근거하여 이웃과 사회에 이익이 되어야 하며 또한 현실과 멀리 떨어진 분야보다는 가깝게 실현 가능한 부분에 역점을 두어야 한다. 시간이 필요하며 나중에 바뀔 수도 있다. 이것에 대한 결론에 도달했으면 이것에 도달할 수 있는 실질적인 행동은 무엇인지, 이후부터 두 번째의 실질적인 단계에서 실행의 플랜이다.

목적과 방향 없는 인생은 망망대해 가운데서 표류하는 작은 돛단배에 지나지 않는다. 산에서 내려다보이는 프리웨이에서 수많은 자동차들이 바쁘게 어딘가 분주히 달려가고 있다. 분명히 제각기 그들이 가고 있는 목적지가 있다. 이와 같이 우리도 가는 인생의 목적지를 분명히 세워야 한다. 대부분은 쓰임을 받는 목적이 같지 않다. 우리 모두가 똑같은 일을 하지 않는다. 배운 지식과 은사가 있다. 또한 각기 하고 싶은 분야가 있다. 나의 인생이기에 남을 의식하지 않고 각자 본인들의 결정에 이루어져야 한다. 플랜은 나중에 바뀔 수도 있다. 그리고 계획을 세워가며 조금씩 과감하게 실행에 옮긴다. 나만의 정체성을 확립하고 삶의 목적과 목표가 확립이 되면 주위의 영향을 받지 않고 담대히, 과감하게 그곳을 향하여 올인의 노력을 추구하는 것이다. 나의 귀중한 정체성의 발견은 자신감의 형성과 목적이 있는 삶과 직접 연관이 있는, 없어서는 안 될 귀중한 요소다. 나는 지금 살고 있는 세상에서 유일한 존재, 특별한 사명과 목적이 있는 존재, 하나님의 창조물 가운데 가장 뛰어나고 흠 없이 완전한 존재라는 사실을 깨닫는 믿음이 무엇보다 중요하다. 정체성의 확립은 자신감과 직접 연결되는 매우 귀중하고 다이나믹한 요소다.

가지를 쳐라

길을 만들려면 앞에 있는 수많은 잡초들을 가지치기하고 장애물 제거를 해야 한다. 특히 꽃과 과일나무에서 가지치기는 연중행사다. 건강하게, 그리고 풍성하게 꽃과 열매를 맺는다. 특히 가지치기를 넘어서 좋은 종자와 접목도 한다. 힘과 영양을 보급하고 안과 밖에 있는 힘을 빼는 잡초와 가지는 제거한다. 불투명한 미래를 통과하려면 선명하고 명료한 청사진, 그림이 필요하다. 삶의 주위를 보면 나에게는 수많은 잡초들과 정리되지 않은 물건들이 즐비하게 많다. 가지치기 작업이다. 복잡한 생각들, 마음의 짐, 내가 모르게 키워놓고 자라게 한 수많은 잡초들이다. 이와 같은 나의 삶 속에 놓여 있는 가지, 잡초 그리고 위험한 방해물들이 무엇인가? 정리와 청소하는 작업을 정기적으로 점검하며 제거를 해야 한다.

우선 밖에 보이는 물건들, 차고나 옷장 등에 불필요한 물건들, 오랫동안 입지 않은 옷들 먼저 정리를 해보자. 쓰지 않는 물건은 남에게 주거나 버리자. 벽에 산만하게 걸려 있는 그림, 사진도 정리를 한다. 물론 개인의 취향에 의하여 차이는 있다. 정리하지 못하는 성격의 소유자들도 있다. 오히려 그러한 주위 분위기에 포근함을 느끼는 사람들도 있다. 방해가 되지 않으면 별문제는 없으나 정리는 반드시 필요하다.

우리의 인간관계도 마찬가지다. 특별한 관계나 식구는 정리가 될 수 있는 대상은 아니지만 대처하는 다른 방법이 필요하다. 사람과의 관계는 이해와 양보, 상호간의 조화된 대화로 해결될 수 있다. 인간과의 관계를 정리하기는 간단하지 않다. 그러나 주위 친구나 이웃 가운데 이기적인, 일방적인, 부정적인 인간관계는 반드시 가지치기 작업이 필요하다. 개선의 관계로 이어지기란 쉬운 일이 아니다.

연고나 직업, 그 밖에 삶에서 연관이 있는 인간관계는 시간이 필요한 정리 작업이다. 시간을 요하고 기다림이 필요하다. 방해되는 인간관계는 빠른 정리가 필요하다. 주위 환경도 방해물이 된다면 바꾸는 시도가 필요하다. 인생의 여정에 짐이 많다면 고달픈 삶이다. 무거운 짐을 지고 언덕도 오르고 풍랑도 헤쳐나가야 한다. 그러나 문제는 문제일 뿐, 그 안에 해결책도 내포하고 있다. 원망이나 불평보다는 해결책에 중점을 둔다. 불평은 불평할 여건만 만들고 마음의 짐은 더 가중될 뿐이다. 걸림돌을 과감하게 정리하는 작업은 곧 혹을 떼어내는 작업이다. '삶의 걸림돌은 무엇인가?'라는 질문을 수시로 자신에게 던져야 한다. 해결책을 하나둘씩 노트에 적는 방법으로 시작해보자. 예기치 않게 효과적인 방법들이 만들어진다. 공격적인 해결 방법, 즉 자신감이 있는 해결의 훈련이다.

정도에 따라 차이는 있겠으나 용기와 희생과 인내가 필요하다. 일단은 작은 것부터 제거 작업을 시작하면 요령과 자신이 생긴다. 다음 단계는 나 자신 안에 있는 잘못된 생각, 판단들에 과감한 칼을 빼들어야 한다. 이유는 내 속에 있는 결점들이 더 클 수가 있기 때문이다. 자신 속에 자리 잡고 있는, 모르는 독풀 그리고 잡초들이 우선의 제거 대상들이다. 나의 생각과 보는 눈이 잘못되었을 수 있다. 항상 부정적으로 보는 것, 혹은 남에 대한 원망들이 대표적이다. 중요한 것은 우리의 보는 기준, 즉 습관과 버릇 그리고 생각이다. 수시로 나의 생활을 점검해야 한다.

만능열쇠 자신감

내 스스로 잡초를 키우고 방치하는 경우가 많다. 바쁘다는 이유로 가지치는 작업에 소홀할 수 있다.

나도 어느 날 나 자신을 솔직하게 객관적으로 보기 시작했다. 예상을 벗어나 수많은 잡초들이 많은 것을 발견했다. 남의 결점, 안 좋은 편견만 보였고 힘든 일에는 가능성보다 불가능한 이유를 만드는 데 예민했다. 대화 역시 부정적인 언어, 그리고 비난과 원망의 언어가 대부분이었다. 내 위주로 생각하는 이기심의 소유자였다. 실패자의 못된 중요 요소는 골고루 다 갖고 있었다. 깨달은 후에 이것에 대해 과감한 잡초 제거 작업을 시작했다. 얼마 후 마음에 평안과 감사가 찾아왔다. 마음의 짐을 벗은 것처럼 가벼웠다. 남에게 비난의 이야기를 들어도 화를 내는 대신 자신을 돌아보는 마음이 찾아왔다. 상대방의 신발을 신어보고 이해의 눈으로 조금씩 변화되어갔다. 삶을 보는 시야가 점점 넓어졌다. 가지치기 작업은 그 대상의 특성에 따라 평생 갈 수가 있다. 혹은 그 존재를 모르고 사는 경우도 허다하다. 그만큼 대상이 넓기 때문이다.

그러나 아직도 나의 가지치기 작업은 계속되고 있다.

아직 제거할 가지들이 남아 있다. 평생을 해야 할 작업이다. 잡초가 무성하면 앞에 전개되는 길이 잘 보이질 않는다. 뜻하지 않는 함정에 빠지기 쉽고 넘어진다. 안개가 자욱한 길이다. 인생길은 많이 굽어 있고 앞일을 예측하기 힘들다. 그리고 중간에 예기치 않은, 수많은 복병이 기다리고 있다. 우선 내 안팎의 짐을 가볍게 하여 나의 생각과 보는 눈을 바꾸는 작업이 우선되어야 한다. 마음의 무거운 짐들을 이런저런 이유로 지고 간다면 지치고 고단한 삶의 연속이다. 자신감 상실의 주원인이다. 복잡한 걸림돌을 제거하고 선명하고 밝게 하는 것이다. 인생은 긴 여정인데 짐을 간단하게 하자. 그리고 새 힘과 능력과 자신감을 가지고 전진해보는 것이다.

교만의 말로

인간의 욕심이 잉태되고 채워진 후 찾아오는 현상은 '교만'이라는 신기루 같은 착각이다. 이것은 인간이 쉽게 착각하고 그 유혹에 빠져드는 파괴적인 심리이며 자멸하는 행동이다. 흔히 교만한 사람을 보고 자신감이 넘치고 에너지와 매력이 넘친다고 착각을 한다. 자신감과 교만함은 겉으로 보기에 분별하기 쉽지 않다. 매사에 자신감이 높은 사람은 교만하게 보일 수가 있다. 그러나 진정한 자신감은 진정한 겸손과 인내의 소유자에게 있다. 인간은 누구나 교만함의 습성이 있다. 조금이라도 형편이 좋아지거나 지위와 권력, 재산이 쌓이면 인간의 태도는 조금씩 변하기 시작한다. 교만은 인간의 추한 면의 제1순위가 된다. 반대로 겸손은 인간의 덕목 중 제1순위로 꼽는 것이다. 문제를 예방하고 이웃과의 장벽이 허물어지고 행복한 삶을 위한 필수적인 부분이다.

모든 여건이 잘된다고 생각이 들면 작은 교만이 마음 구석에 자리 잡는다. 우리가 가장 조심하여야 할 것이 바로 교만이다. 특히 지배적인 사회, 상하의 계급사회에서 높은 위치에 있거나 연장자 혹은 소위 지도자라고 자칭하는 사람들 가운데 이러한 현상이 두드러진다. 자신들은 거의 완벽한 정점에 도달했다는 자가당착의 멘탈리티다. 인간이 실수 없이 완벽할 수가 있을까? 약하고, 욕심, 시기, 질투, 이기심 등 결점이 많은 것이 인간인데 특히 자신은 결점이 없고 별문제가 없다는 생각이 바로 교만이라는 단어다. 외모가 출중하고, 재주가 좋고, 언변이 뛰어나서 보기에 완벽한 사람들에게 주로 나타난다. 그들의 특징을 찾아보자. 그들에게는 겉으로 남을 설득시키는 말의 재주가 있다. 카리스마란, 그럴듯하게 포장된 용어와 매끈한 말로 우리에게 다가온다. 이들의 특징은 남의 충고나 말을 듣지 않는다는 것이다. 남의 의견에 별다른 가치를 두지 않는다. 매사에 잘못을 인정하지 않고 그럴듯하게 옳지 않은 이유만 대는 것이 특징이다. 지식의 교만이다. 더 위험스러운 것은 남을 무시하는 태도다. 남을 보는 잘못된 편견이 있다. 또한 그들의 성격은 다분히 다혈적이고 고집스러우며 남과의 타협을 모른다. 교만한 사람의 또 다른 특징은, 이와는 반대로 겉으로는 자상하며 상대의 말에 긍정적으로 수긍하는 것처럼, 그리고 이해를 하는 것처럼 보인다. 그러나 그 역시 결국은 중요한 지점에서 자신의 뜻대로 하고 만다. 자신의 잘못을 인정하고 남을 받아들이는 것에 대해서는 인색하고 거의 제로 수준이다. 그들의 공통점은 자신이 모든 것의 중심이 된다는 것이다. 실수도 나름의 그럴듯한 변명을 이유로 교묘하게 피해간다. 흔히 이야기하는 내로남불이다.

인간의 마음속에 있는 악의 뿌리가 이렇듯 겉으로 노출이 된다. 특히 오랫동안 권력의 중심에 있는 인물들은 곧 자신들의 말이 법이요, 행동이 진실이다. 대표적인 인물들이 독재자다. 그들의 말로는 비참하게 밑바닥으로 추락함을 볼 수 있다. 거의 참혹한 수준이다. 그들의 말년은 살해되거나 감옥행이다. '교만은 패망의 선봉'이라고 성경에서 말하고 있다. 멸망하고 싶으면 교만하면 된다. 세상에서 소위 한동안 잘나가다가 사라진 사람들을 보면 대부분 교만과 욕심에 기인한 것이다. 주위에 소위 인생에 부러움 없는, 정점을 찍은 사람들을 많이 본다. 물론 자수성가로 맨손으로 이룬 사람들의 피나는 노력과 수고가 잘 나타난다. 귀한 노력의 값진 대가다. 그들의 투지와 노하우는 이웃과 후손에게 모범과 귀감이 되고 배워야 하는 기술이요, 인생 한 부분의 지침서가 된다. 그러나 잘나가는 듯하다가 소리 없이 사라진 인물들의 공통점은 그들의 생각이나 행동에 브레이크가 없다는 것이다. 옳고 그름이 없다. 눈과 마음이 소경이 되어 판단력이 없다. 특히 권력, 금력, 명예에 지대한 관심이 있고 세상 제일의 출세 지상주의를 가진 사람들의 특징을 보면 마음속에 교만의 뿌리가 깊게 있다. 어느 정도 목적이 달성되면 욕심과 횡포를 자행하고, 교만이라는 단어조차 모르는 사람들이다. 이들의 특징은 자신들의 돈과 명예, 주장만을 위하여 수단과 방법을 가리지 않는 야비한 방법을 자행한다는 것이다. 불법을 쉽게 자행한다. 이렇듯 교만이 가져다주는 파괴력은 엄청나고, 범위가 방대하고, 그 영향은 인간이 범하는 실수와 범죄 중에서 파괴율이 수위를 차지한다.

그러면 왜 특히 교만을 조심하여야 하는가? 첫째는 교만에는 개인과 사회, 국가를 멸망시키는 독소가 존재하기 때문이다. 말이나 생각과 행동은 살아 있어 그 뜻대로, 심은 대로의 결과로 이어진다. 진실한 동기가 결여된 시작에서 나오는 결과는 실패와 패망뿐이다. 우리는 주위에서 수많은 예들을 쉽게 볼 수 있다. 세상에서 영원한 1등은 신이 아니고는 존재할 수가 없다. 둘째는 주위의 인간관계를 단절시킨다는 점이다. 나의 욕심과 독선에 따라서 모두 적이 된다. 모두가 나만 못하다는 생각이다. 내 말이 옳고 진리고 또한 독단적이고 일방통행적인 관계다. 또한 말과 행동이 일치하지 않기 때문에 남과의 진실한 관계가 지속되지 못한다. 결국 믿지 못하는 대상이 된다. 셋째는 그들의 주위에 있는 사람들은 무수한 희생을 감수해야 하기 때문이다. 심지어 생명까지도 빼앗길 위험이 있다. 독재자의 행적을 보면 수많은 정적들이 자살을 하거나 살해된다. 자기의 존재를 과시하고 자기의 계략과 음모를 달성하기 위해서는 상대를 철저히 이용하고 쓸모없을 때는 과감히 제거한다. 심지어 식구, 자식과의 관계도 자기의 영역을 침범하면 단절을 한다. 히틀러, 스탈린, 북한의 김정은, 러시아의 푸틴, 중국의 시진핑, 그 밖의 수많은 독재자들의 횡포에 국민은 병들고 죽어간다. 그것에 한번 감염이 되면 뇌의 기능과 생각을 망가트려 인간이 할 수 없는 행동들을 서슴지 않고 행한다. 이렇듯 그들의 삶의 결과는 실패로 끝이 난다. 감옥에 가거나 일찍 사망, 혹은 인생의 말로가 처참해진다.

교만의 정의는 곧 욕망으로 이어진다. 물질문명이 극도로 발달하고 인공지능의 개발로 인간을 대행하는 다른 존재가 나올 날이 머지않았다. 최근 남녀의 성별을 마음대로 정하는 엄청난 범죄의 사회가 되고 있다. 모르고 미약한 아동들의 마음에 충동을 일으켜 남녀를 구별하는 성을 마음대로 어른들이 결정하는, 하나님 고유의 창조의 원리에 정면 도전하는 범죄 행동이다. 마치 구약 시대의 하나님의 존재에 도전하여 교만한 유대 민족의 바벨탑을 쌓는 것과 같은 행동이다. 교만의 극을 달리고 있다. 멸망의 입구로 들어가는 과정에 있다. 인간이 재물에 욕심이 있으면 자신의 부에 만족하지를 못한다. 더 많은 부를 축적하려고 그것이 세상에 나온 제일의 성공담, 사치의 과시, 그리고 돈에 대한 욕심은 하늘을 찌른다. 권력, 명예역시 마찬가지로 이곳에 심취되면 자신의 위치가 마치 철

옹성 안에 있는 듯 나의 위치에 도전하는 사람들을 무참히 공격한다. 이렇듯 교만이 가져다주는 악영향이 자신은 물론 사회나, 더 나아가 국가와 세계에 얼마나 치명적인 독소가 되는지 알 수가 있다. 교만의 파괴력은 가공할 만큼 엄청나기 때문에 좋은 동기가 있더라도 함께 나락의 길로 떨어진다. 오만한 사람들의 말년을 보면 결국 자신의 독선에 빠져 혼자서 외톨이로 삶을 마감하거나 심한 중병에 걸려 삶을 마감한다.

인간 모두는 만족을 하지 못하는 습성이 있다. 이것도 교만의 습성에서 오는 한 예라고 본다. 어느 노부부가 시골 전원에서 여생을 보내기 위해 한적한 위치에 전망 좋고 풍경이 좋은 곳에 유리로 벽을 지어 앞에 강물이 흐르는 멋진 정원에 살고 싶어 이사를 하였다. 그러나 처음에는 죽을 때까지 살기로 마음먹었는데 몇 년이 되지 않아 너무 쓸쓸하고 저녁에는 무섭기도 하고 정원에 손이 많이 가서 다시 고향과 같은 포근한 집에서 마음의 평화를 느끼며 살기를 원했다. 그래서 그림 같은 오두막집에서 조용히 살려고 했는데 몇 년이 되지 않아 너무 적막하고 외로

만능열쇠 자신감

워서 다시 사람들이 많은 도시로 나왔다. 도시에서 살아 보니 인정도 메마르고, 더욱 힘든 것은 도로의 자동차 소음과 매연과 교통 정체가 심하여 못 살겠다 해서 다시 이사를 했다. 결론은 아무리 넓고 좋은 집, 강가의 경관이 좋은 집, 온갖 비싼 가구들과 고가의 그림, 골동품으로 장식하고 고급 자동차도 소유했지만 이 모든 것들도 시간이 지나면 이들의 눈에는 그 귀한 존재들이 보이지를 않는다는 것이다. 매일 보고 주위에 같이 있으니 얼마 후 처음과는 생각이 달라져 또 다른 아쉬움과 싫증이 생긴다. 결국 만족하지 못하고 다른 곳을 찾아다닌다.

이것이 인간의 습성이다. 모두 교만심에서 나온, 현 위치에 만족 못 하는 인간들의 잘못된 습성이다. 욕심과 불만족은 교만으로 이어진다. 발전을 위하여 노력하는 것은 당연하나 동시에 지금 처한 환경, 위치, 과정 등에 만족할 줄 아는 훈련도 매우 중요한 부분이다. 나의 삶이 세상에서 물질적으로 풍요로워지는 것에 중점을 둔다면 진정한 삶의 목적이 될 수가 없다. 그 종착역이 보이질 않는다. 자기 욕심, 물질에 대한 욕심은 한이 없다. 만족이 없는 삶이라 불평이 떠나질 않는다. 겸손, 곧 만족과 감사의 생각을 가져야 한다. 인생이 항상 앞으로 '고고'해서 겉으로 보는 발전이 모두가 아니기 때문이다. 인생 전체에 대해 만족하지 못하고 세상을 떠나는 이것은 허망하고 보람된 삶의 진정한 의미가 아니다. 주어진 나의 여건에 만족할 줄 알고 인생의 과정에서 생기는 모든 여건에 순응하며 결과에 만족하고 겸손의 노력을 하는 것이다.

꾸준함과
인내의 보상

변함없는 꾸준함은 우리에게 없어서는 안 될, 매우 중요한 부분이다. 삶에서 꾸준히 배우고 경험을 쌓는 것 또한 어려운 삶의 여정을 변함없이 꾸준히 견디고 통과하는, 삶에서 필수적인 조건의 일 순위를 차지한다. 진실이 담긴 마음, 변치 않는 사랑, 변치 않는 우정, 변치 않는 믿음과 감사, 변함없는 초지일관의 생각이다. 빠르게 변화하는 삶에서 삶의 가치관도 때때로 바뀐다. 그러나 인간의 삶에서 근본이 되는 규범은 세상의 어떠한 변화에도 그대로 유지되어야 한다. 바로 기초가 튼튼한 집, 태풍에도 무너지지 않을 집을 짓고 세우기 위한 중요한 기본 요소다. 무엇을 하든지 기본 요소가 있다. 바탕을 철저히 다지는 것이다. 수학에도 기본 공식이 있고 음악에도, 미술에도, 건축에도 기본 원칙이 있다. 여기에는 반드시 인내와 꾸준한 노력이 수반되어야 한다. 근본 원리에 충실하는 것이다. 일이 잘되지 않으면 다시 원점인 근본으로 다시 돌아가 기본을 튼튼히 다져야 한다. 마치 튼튼한 반석 위에 세워진 인간의 기본과 같은 것이다.

여러 가지 분야의 넘쳐나는 지식과 정보가 우후죽순처럼 나타나 혼동과 잘못된 선택으로 인하여 많은 실패를 경험한다. 그러나 반면에 많이 알고 더 많은 지혜가 쌓이며 담대함도 생긴다. 이것은 지구상의 모든 관계, 특히 인간관계에서도 마찬가지로 적용되는 원리다. 한 목적지를 향하여 꾸준히 실행하는 마음에는 인생의 중요한 가르침이 있다. 결과는 조금 느리더라도 심는 대로 거두는 원리다. 겉으로 무모하게 참고 견디는 것으로 보이나 결과는 귀중한 큰 자산이 된다. 귀중한 열매일수록 끊임없는 인내와 노력의 결실이 필요하다.

최고로 높은 에베레스트 산을 정복하는 수많은 산악인들의 염원은 근처 8,000피트가 넘는 14개의 산봉우리를 정복하는 것이라고 한다. 그들은 자기 생명을 거는 심정으로 위험한 고지들을 정복하는 데 치열한 자신과의 사투를 벌인다. 여러 산을 정복하고 다음에 더 높은 고지를 정복하는 가운데 위험한 크레바스나 눈사태, 눈 폭풍의 위험에 결국은 산에서 묻힌 산악인들이 많다. 산을 정복하기 위한 한곳의 집념에 이처럼 피나는 노력과 인내를 통하여 정상을 정복한다. 무엇보다 그들의 목적은 적은 시간에 짜릿한 정복감, 승리감을 맛보는 스릴에 가득 차 있다. 무수한 목숨과도 바꾸는 사투에서 얻어지는 정복의 통쾌감은 말로 표현할 수 없으리라 본다. 이렇듯 우리 삶의 목적에 대한 성취는 모두 노력과 인내, 그리고 철저한 준비에서 얻어지는 결과다. 정상의 기쁨도 중요하고 사투하면서 올라가는 과정에서 오는 승리의 기쁨, 정상에 점점 가깝게 다가오는 성취의 기쁨, 정복이 얼마 남지 않았다는 희망과 믿음으로 그리고 그것에 대해 승리할 수 있다는 자신감으로 마지막 정상에 오를 수 있다.

인생도 이와 마찬가지로 목적했던 고지를 향하여 전진하는 긴 여정이다. 산의 정복보다는 더 긴 끈질김과 인내의 시간을 요한다. 생명과 바꾸는 사투도 있고 도처마다 함정들과 낭떠러지의 여러 위험들이 도사리고 있다. 이런 장애물들을 피하고 또한 정복도 하며 주어진 목적을 향하여 최선을 다해야 한다. 꾸준한 노력에는 반드시 보상이 따른다. 예기치 않은 환경 가운데에서 그리고 수반되는 어려움도 예측하면서 배우기도 하며 견디며 그것들이 서

만능열쇠 자신감

로 합해져서 성장이 되어 인생이 점점 업그레이드된다. 우리 인생은 배우다가 떠나는 대장정의 미완성 곡이다. 모든 것을 다 배울 수는 없다. 특히 무엇보다도 중요한 것은 쉬지 않고 꾸준히 나아가는 인내심이다. 변화에도 희생과 인내가 수반된다. 사실에 의한 변화다. 아침저녁으로 달라지는 변화, 순간의 기분, 헛된 감정에 의한 변화는 결국 제 살을 깎아 실패하는 인생이 된다.

　세상의 여러 곳들이 수시로 바뀌나, 변치 않는 진리의 말씀은 '한 우물을 파라'라는 우리 격언이다. 힘이 든다고 이것도 해보고 저것도 해보는데 문제는 조금 알려고 할 때 다른 곳을 찾아 발길을 옮긴다는 점이다. 생각 없이 자주 움직이는 부질없는 행동의 결과는 결국 아무것도 남지 않는다. 꾸준함에는 진리라는 필수 요건이 숨어 있다. 필자도 대학 졸업 후 일 년에 서너 번씩 직장을 옮겼다. 부질없는 행동이었다. 결국은 진급도 늦어지고 배우는 것도 없고 후회도 해봤지만 남는 것은 하나도 없는 헛된 행동이었다. 마지막에는 조그만 무역회사에서 사소한 일부터 여러 가지 일을 하며 인내하며 배운 결과가 나에게는 더 값지고 귀중한 시간이었다. 나의 삶을 뒤돌아보면 얼마나 많은 헛된 옮김이 있었는가? 그 결과로 깨닫고 뉘우치게 된다. 물론 예외로 나의 적성에 맞는 것을 찾아 여러 방면에서 시도해볼 수도 있다. 2022년도 대학 수학능력시험의 만점자들은 꾸준함을 그 비결로 꼽았다. 특별하게 다른 공부보다는 문제집을 반복해서 근본에 충실하게 꾸준히 공부했다고 한다. 치밀한 분석과 효과적인 결과를 얻기위해 한곳에 우물을 파듯이 꾸준히 노력한 결과다.

필자는 20여 년 동안 꾸준히 아침 새벽 일찍 운동을 시작하였다. 추운 겨울에 비 오는 밖에서 운동하기란 쉬운 것이 아니다. 간혹 며칠은 쉬고 싶었으나 그럼에도 쉬지 않고 꾸준히 운동을 통하여 평소에 약한 허리도 강하게 되어 치료가 되었다. 육신은 물론 정신 훈련까지 장기간 해온 결과 '자신감'이라는 쉽지 않은 주제로 책을 만들 수 있는 동기가 되었다. 인생은 나와의 치열한 싸움이다. '인내는 쓰고 열매는 달다'라는 말이 생각난다. 곧 나와의 싸움의 시작이다. 인간과의 관계도 이와 같이 오랫동안 사귄 친구와 이웃이 더 오래 지속이 된다. 이해도 하며 용서도 하고 그 과정에서 오래 참는 훈련이다. 곧 나의 훈련장이 된다. 사소한 감정에 의하여 관계를 오래 지속하지 못한다면 외롭고 실패가 연속되는 삶이다.

노력은 인내가 수반되는 작업이다. 결과는 성취요, 성공이다. 마음 깊은 곳에서 들려오는 달콤한 유혹의 소리에 귀가 솔깃해진다. 타협의 순간이다. 그러나 타협은 곧 실패, 패배를 의미한다. 유명한 오페라 가수나 예술가, 과학자 등 어느 분야든지 그들의 성공 비결은 꾸준한 인내에 따르는 철저한 연구와 연습이다. 한 유명 가수에게 기자가 묻기를, '당신은 부르는 곡마다 히트를 치는데 비결이 무엇인가?' 가수의 대답은 한 곡마다 2,000번 이상 연습을 했다고 한다. 에디슨은 10,000번이라는 거듭되는 실패를 통해 획기적인 전기와 기구들을 발명하지 않았던가?

만물은 모두 때가 있다. 때라는 말의 해석은, 인내를 가지고 견디고 기다림을 말한다. 진실에는 인내가 수반한다. 세상 모든 일들은 인내와 통한다. 암탉이 알을 품고 낳는 것, 여자의 몸에서 태아는 10개월이라는 인내와 견딤의 오랜 시간 후에 귀한 생명이 태어난다. 과일과 곡식도 비와 햇볕과 바람을 통하여 결실을 맺는다. 밤이 오면 아침이 올 때까지 기다려야 한다. 인간이 누릴 수 있는 최고의 기쁨과 축복은 인내를 통한, 변함없는 꾸준한 노력의 대가다.

진정한 자신감은 오랜 인내와 훈련으로 쌓여가는 귀한 선물이다.

끝없는 배움

배움은 자신감을 만드는 제일의 중요한 과정이다. 생존을 향한 투쟁 없이는 인간도 다른 동물과 마찬가지로 오래전에 멸종되었을 것이다. 투쟁은 배움이다. 배움에는 인간에게 역동적인 에너지가 있고 다이내믹한 발전이 있고 새로운 가치가 있고 업그레이드된 또 다른 삶의 발견이 있다. 배움을 통하여 인간은 보람과 희열을 느낀다. 반면에 배울수록 겸손의 미덕이 더해진다. 지식의 습득으로 엄청난 내공과 자신감이 쌓인다. 배움이 없음은 치열한 전투에서 병사가 맨손으로 싸우는 것과 같다. 모든 첨단 기술을 갖춘 무기를 갖고 싸워야 한다. 배움은 나를 지탱해주는 힘이요, 능력이다. 무엇보다 배움이 없는 자신감은 무지요, 오만이요, 자멸이다.

진정한 자신감에는 관심, 열정과 배움의 헝그리 정신이 존재한다. 배움에는 진실함이 있고 위대한 동력이 있다. 배움을 통하여 인생의 보람을 느낀다. 배움에는 진리가 있다. 겸손과 순수함이 있다. 강력한 자신감을 쌓는 또 다른 최선의 방법이다. 새로운 것을 배우는 어린아이와 같은 심정으로 호기심을 가져야 한다. 지식을 하나둘씩 습득할 때 모르는 희열이 찾아온다. 작은 배움으로 성취감이 쌓이면 큰 힘과 도전이 된다. 배움은 또 다른 배움의 동기를 부여한다. 배움에 대한 인간의 열망은 세상 떠날 때까지 계속된다. 바로 이것이 인간이 생존하는 이유다. 그리고 세상을 지배할 수 있는 원인이요, 비교할 수 없는 능력이 있는 존재가 된다. 인간이 타 생명체보다 탁월한 이유는 바로 끊임없는 배움이라 할 수 있다. 하나님이 인간들에게 온 우주 만물을 정복하라는 명령에서 그에 따르는 '배움'이라는 노하우의 큰 선물을 주신 것이다. 이미 우리에게 능력을 주셨는데 개발하고 발전시키는 것은 우리의 책임이고 의무다. 세상을 정복하고 외부의 세력에 대해 방어하려면 끊임없는 노하우와 생존 방법의 배움, 연구, 기술이 필요하다. 성장과 발전을 요구하는 인간들의 끊임없는 호기심에 의한 배움의 동기가 매 순간마다 또 다른 새로운 것들을 만들어내고 있다.

내가 필요하고 알기 원하는 분야는 무엇인가? 나에게 진정한 기쁨, 보람, 가치를 가져다주는 배움의 대상은 무엇인가? 나의 진정한 가치를 발견하는 시작점이다. 우리는 최종 학교만 졸업하면 배움은 끝이라는 생각을 갖고 있다. 배움의 종착역에 온 것으로 간주한다. 그러나 배움의 진정한 시작은 지금이다. 또 다른 배움이 기다리고 있다. 기초적인 것과 이론적인 것을 벗어나 실제의 경험을 통하는 다른 배움이 바로 그것이다. 배움에는 용솟음치는 역동이 살아 있고 점차 쌓이는 변화에 기쁨을 느낀다. 만물의 영장이라는 인간의 호칭은 끊임없이 배우려는 열정과 호기심, 그리고 그것들을 쟁취하려는 노력과 희생의 결과에서 오는 것이다. 진정한 배움은 호기심과 소유하고 성취하고 싶은 열망에서 나온다. 나에게는 큰 자산으로 쌓인다. 자신감, 용감성, 담대함의 축적은 배움에서 나온다. 실력을 쌓는 것이다. 외국으로 이주하는 이민의 주목적은 좀 더 양질의 교육 기회를 자녀들에게 주기 위함이 제일의 목적이다. 자녀들에 대한 부모들의 교육열, 열정, 그리고 희생은 상상을 초월한다. '기러기 엄마'라는 칭호가 붙어 가족 간의 불화를 초래하고 사회적인 큰 부작용을 낳기도 한다. 그들의 희생은 아무 데도 비할 데가 없다. 인구 수에 비하여 대학교, 전문학원 등 교육기관이 차지하는 숫자는 무척 높다. 우리나라가 단기간 내에 선진국 대열에 올라간 것은 국민들의 높은 교육 수준에 있다고 보는 것이다. 배워야 산다는 정신이 오래전부터 우리의 잠재의식에 박혀 있다.

얼마전부터 세계는 우리나라에 대해 집중적인 조명을 하고 있다. 여러 세계 유수의 공영방송에서 자원도 없고 가난하고 변변한 기술도 제대로 없는 작은 나라에서 무엇이 그들을 성장하게 만드는가 하며 한민족에 대해 연구하고 있다고 한다. 우리나라가 최근에 여러 분야에서 세계의 주도권을 잡고 있는 것은 끊임없는 연구, 배움과 도전의 정신에서 온 결과물이다. 반도체, 골프, K-pop, 음식, 무기, 자동차, 원전 산업, 스포츠 등이다. 그리고 다음은 어느 분야에서 리더의 역할을 할지 무척 흥분되고 기다려진다. 특히 요즈음 한류의 드라마는 남미, 유럽, 중동, 아시아 등 여러 지역 사람들의 안방에서 최대의 호기심이 되어가고 있다. 그들과 이야기하면 거의 한국 드라마를 본다고 한다. 다양한 소재, 창의성, 끊임없는 연구와 노하우가 없이는 이 모두가 불가능한 것이다. 끊임없는 배움과 연구, 그리고 특유의 끈질김, 도전, 모험 등이 사회 분위기와 국민성에 합쳐진 것이다. 이러한 역동의 분위기는 후세들에게 대를 이어 계속 이어져가야 한다고 본다.

배움에는 나이 제한이 없다. 장년과 특히 노년기에는 모든 행동에 제한을 받는다. 생각이 둔해지고 이해력이 없어지며 판단이 흐려지고 무기력해진다. 점점 모든 기관이 퇴보가 되어간다. 중병에 걸려 곧 남의 도움을 받아야 할 때가 온다. 무엇이라도 배우라고 권유하면 곧 나이가 많다는 이유로 거부 반응을 보인다. 힘이 드는 것은 사실이다. 그러나 힘든 것이 훈련이다. 평소에 관심과 호기심이 있는 분야, 실행 가능한 것, 작은 것 위주로 시작한다. 배우는 기쁨, 실력이 쌓이는 기쁨을 누려보자. 우선 할 수 있는 것, 쉬운 것부터 시작해보자. 뇌세포는 새로운 지식을 받아들일수록 더 증가한다는 것이 사실이다. 곧 몸의 활성화를 시키는 것이요, 외적인 운동과 더불어 정신적이고 내적인 운동이 곧 배움이라는 처방약이다. 우리의 몸을 활성화시키고 두뇌에 새로운 에너지를 불어넣어준다.

만능열쇠 자신감

디프레스, 기억상실증, 알츠하이머 등 여러 위험한 정신 질환을 사전 예방할 수 있다.

내가 평소에 배우기를 원하는 분야는 무엇인가? 쉬운 예를 들어 영어 단어를 배워보자. 하루에 일정한 목표를 세우고 꾸준히 단어 몇 개라도 암기해본다. 처음에 조금 어려운 고비를 넘기면 다른 챕터에 눈을 뜨게 된다. 그 밖에 인근 도서관에 가면 쉽게 배울 수 있는 자료들을 얼마든지 쉽게 구할 수 있다. 영자 신문도 읽어본다. 단어의 뜻을 찾고 꾸준히 연습하면 단계가 점점 업그레이드된다. 외국 사람과 자연스럽게 소통을 할 수 있는 자신감이 자리를 잡는다. 다른 분야에 눈을 돌려본다. 배움이 시작되면 자신감은 저절로 따라온다. 우선 대상을 쉬운 것, 그리고 원하는 것으로 결정하고 그 성취 수위를 높게 잡지 말고 1/3만 이루어지면 성공이다.

문제는 힘든 대상을 정하고 기대치를 높게 잡으면 중도에서 포기하고 하차하는 경우가 대부분이라는 점이다. 우리는 세상 모든 원하는 분야에서 최고, 최상위에 목적을 두며 결과에 미치지 못하면 곧 실패자가 된 듯 낙심하고 포기한다. 2등이면 어떻고 10등이면 어떠한가? 다시 시도하며 도전하는 마음이 중요하다. 인생에서 우리는 1등만 주장하는, 강한 강박관념에 사로잡히는 것을 볼 수 있다. 일단 출발점을 떠나 계속 끝까지 완주하는 것이 중요하다.

인생에는 쉼표가 없다. 배움은 새로운 창조물을 만들어내고 새로운 에너지를, 새로운 세계를 만든다. 유행가 중에 이런 것이 있다. '인생이 별것이 있겠나? 하기 싫으면 안 하면 되고, 구름 가듯 물 흐르듯, 쉬면서 놀다가 가세.' 오래전 자주 듣던, 우리 고유의 풍류와 정감이 있는 표현이다. 자세히 보면 마음이 가는 곳에서 게으르게 놀면서 한평생 살라는 이야기다. 언제 세상을 떠날지 모르는 시점에서 남은 인생 되는 대로 편하게 살라는 뜻이다. 그러나 개인에 따라 생각이 다르다. 이것은 음유시인이 전국 방방곡곡을 돌면서 이 집 저 집 돌아 동가숙 서가숙하며 읊은, 그 당시 고유의 서사시가 아닌가 한다. 그러나 이것이 과연 의미 있는 삶인가 생각해볼 필요가 있다. 물론 수고했으니 조금 쉬면서 지내라는 말로 해석될 수도 있다. 인간이 살면서 배움의 호기심과 열정이 식으면 곧 남에 의해 외부에 의존하며 사는 수동적, 퇴보적인 삶이 된다. 결국 남에게 의탁하는 생활이다. 움직여야 하는 신체인데 정지 상태로 머물면 곧 기관의 퇴보 현상이 일어난다. 살아 있으나 생명력은 없는 것이다. 그들이 생각하는 삶의 정의가 인생은 별것이 아니라고 믿으면 모든 삶, 곧 내 삶도 별것이 아닌 것이다. 인생과 나에 대한 진정한 가치가 없어진다. 그곳에는 진정한 생명이 없다.

얼마 전 정기적으로 모이는 음악회에 간 적이 있다. 색소폰과 그 밖에 다른 악기들을 연주하고 교제와 더불어 음악 발표회를 하는 것이다. 놀랍게도 85세가 된 노인의 색소폰 연주는 대단한 파워를 갖춘 연주였다. 기술적인 면에서 조금 부족한 면도 있지만 마치 초급생처럼 열심히 배우는 자세가 너무 귀중한 것이다. 그리고 더 놀라운 것은 모인 사람들의 연령층이 대부분 60대 중반에서 85세까지였는데 모두 정신연령이 열정이 가득찬 30~40대 수준들과 같았다. 그들의 말과 행동에도 역시 나이보다 훨씬 젊은 배움의 정신이 배어 있었다. 나이의 범주를 벗어나는 생각의 전환이 필요하다. 나이 먹는 것도 서러운데 연령의 생각에 막혀 모든 행동을 막는 방해물이 된다면 심각하게 생각해볼 문제다.

삶에 자극과 새로운 환경을 만들어주면 정신과 육신이 새로운 역동력을 갖춘다. 물은 항상 흘러야 하고 생명력이 있어야 한다. 흐르지 않고 고인 물은 썩거나 물고기가 살지 않는 사해가 되는 것을 볼 수 있다. 살아 있다는 것은 물의 흐름이요, 생명력이 우리 몸에 있다는 증거다. 우리 신체에 물이 흐르는 힘이 있어야 하고, 배운다는 생명력이 더해져야 한다. 지금부터 무엇인가 배워보자. 작은 것, 할 수 있는 것, 쉬운 것부터 시작하는 것이다. 또한 평소 관심이 있던 것, 원하던 것, 추구하는 전문 분야 등 나의 형편에 맞춰 노트에 적어본다. 유튜브나 구글 등에서 많은 정보를 얻을 수 있다. 나의 생활이 바뀔 것이다.

필자는 음악에 취미가 있어 기타와 피아노를 전문가에게 배웠다. 피아노는 2년 반 정도 배웠지만 별로 뚜렷한 기술의 향상이 없다. 단지 코드 변형, 간주 정도를 치는 수준이다. 그래도 피아노에 맞추어 가곡이나 외국 곡을 부르면 그런대로 자기 착각의 기분에 빠져든다. 음감이

만능열쇠 자신감

조금은 있어 나름대로 곡에 변화를 주고 약간의 어레인지를 하면 나름대로 기분에 젖는다. 기타는 주위에 음악 좋아하는 사람들에게서 오래전부터 어울려 배운 것과 몇 년 전 포크송, 컨트리송 전문가에게서 몇 개월 동안 매주 배운 탓인지 코드와 몇 트래비스 손가락 반주 정도는 하는 편이다. 중간 정도는 되는 것 같다. 다행히 기타를 치며 노래 부르면 조금은 사람들에게 인기가 있다. 누구는 음반도 내라고 한다. 전문가보다는 부족하지만 듣기 싫지 않을 정도로 남에게 칭찬 들을 정도면 최대의 만족이다. 취미로 조금씩 시간을 만들어 새로운 것을 배우는 기쁨 그 자체가 나에게는 틀에 박힌 일상생활에서 벗어나는 새로운 즐거움과 생활의 활력소가 되어준다.

배움은 곧 자신감이다. 전쟁에 임하는 최첨단 무기를 갖춘 병사와 같이 나에게 둘도 없는 힘을 주는 귀한 친구요, 응원군이다. 배움은 삶의 지표가 되어준다. 이것저것 남이 배우니까 나도 배운다는 생각보다는 몇 개 선별해서 심도 있게 배우는 것을 추천하고 싶다. 집 안에는 작동이 안 되는 기계들이 많다. 과거에는 기술자나 핸디맨을 불러 처리를 했는데 이제는 구글 사이트에 찾아보면 간단한 것들은 혼자 고칠 수 있게 그 방법들이 쉽게 설명되어 있다. 자신감이 배가 되는 기쁨을 맛볼 것이다. 나에게 동기부여를 해주고 에너지와 자신감을 주는 몇 가지는 반드시 배우는 것이 우리의 정신건강은 물론이고 나아가 건강하고 역동적인 사회를 만든다. 인간의 삶은 분명히 배우다가 떠나는 삶이다. 배움의 귀한 열매를 후손에게 남기고 가는 것이다. 후손들의 삶이 풍요롭게 되고 사회가 밝아지는 것, 이것이 대대로 이어지는 것이고 이것이 진정한 가치가 있고 자신감을 높이는 삶이 아닌가.

나와 친하라

세상에서 가장 친한 친구는 바로 '나'다. '나'라는 존재 없이는 세상도 없다. '나'와 진솔한 대화가 필요하며, 친하게 즐길 줄 알아야 한다. 대화는 남과 소통하는 전유물이 아니다. 여러 사람과 만나고 교제하는 것이 보람 있는 인생은 능력 있는 사람을 만들지 못한다.

세상에서 성공한 사람일수록 자기와의 시간을 갖고, 대화를 자주 한다. 나만의 소중한 시간이다. 나와의 대화를 통하여 새로운 나를 발견한다. 미래를 설계하고 장점과 약점도 파악한다. 나와의 대화에는 세 가지 중요한 점이 있다.

첫째는, '나는 인생의 주인공이다.' 인생은 나 홀로 서야 하는 삶이다. 생각을 주도하고 행동하고 나와의 대화를 통하여 계획에 대하여 혹은 나의 문제에 대하여 서로 질문과 답을 주고받는다. 다시 말하면 이러한 대화를 통하여 현재 나의 위치와 상태를 확실하게 파악하는 기회이며 앞으로 가는 방향도 설정된다. 미지의 길을 가는 원동력이 된다. 나의 삶이 정지되어 있는지, 계획되고 목적이 있는 삶인지를 알 수 있다. 나와의 진솔한 대화를 통하여 귀중한 답변을 얻어낸다. 나와의 솔직한 대화는 무엇보다 중요하다. 그중 하나는 나에게 질문을 던지는 것이다. 문제의 해결을 위한 답변을 얻어내는 과정이다. 장래의 목표, 계획, 그 밖의 여러 문제점에 대해 자신에게 묻고 그 답변을 하는 것이다. 이유는 이러한 질문들을 통하여 의문 혹은 문제에 대한 답변을 얻을 수 있기 때문이다. 해결 위주의 해답을 얻어내는 지혜를 키우는, 매우 효과적인 방법이다. 해결책을 종이에 번호 순서를 적으며 찾아내는 방법이다. 이러한 과정을 통하여 더 다양하고 창조적이며 효과적인 해결책들을 만들어낼 수 있다. 특히 부모가 아이들의 양육 과정에서 아이들에게 자주 물어보는 방법이다. 그들 나름의 답변을 내기 위하여 최대한 노력을 기울일 것이다. 부모는 방법을 가르쳐주지 말고 그들의 생각과 지혜에서 말이 나올 수 있도록 적극 유도해야 한다. 답변이 매번 같지가 않음을 발견할 것이다. 그만큼 생각의 범위가 다양하고 넓어진다는 증거가 된다. 어떤 답변이든 간에 칭찬해주고 옳은 방법을 가르쳐주면 된다. 이들의 성장 과정에서 창조적인 생각이 개발되고 뇌의 성장, 인지, 지능의 성장이 빨라지고 그리고 명석해지며 결국에는 어려서부터 자신감을 훈련시키는 탁월한 방법이다. 이렇게 훈련받은 아이들은 성장함에 따라 앞서가는 풍부한 아이디어들을 스스로 만들어간다. 이렇듯 자신에게서 스스로 해답을 찾는 연습과 훈련은 우리 모두의 삶을 통하여 계속되어야 한다. 원망과 불평보다 해결 위주의 생각을 키워나가는, 효과적이며 확실한 답변을 얻을 수 있다.

둘째는, '나를 칭찬하라.' 생소한, 그리고 조금은 부자연스러운 나와의 대화다. 칭찬은 나 이외에 다른 사람에게만 사용되는 말이라고 생각해왔다. 그러나 점점 복잡해지는 삶에서 나에게 힘이 된다. 잘했던 모든 일을 떠올리며 칭찬의 말, 격려의 힘이 되는 말을 나 스스로에게 한다. 좋아하는 선물도 자신에게 선물한다. 힘들고 낙담이 될 때 "수고했다, 잘했다, 잘 견디고 나아질 것이다"라는 말은 뜻밖의 귀한 응원군이다.

셋째는, '나와 친한 공간을 만들면 새로운 창조의 세계가 만들어진다.' 심심하고 무료하다고 생각하기 전에 나에게 물어보라. 무엇이 나에게 가치 있고 즐거운, 보람된 시간을 만들어주나? 나를 외롭게, 혹은 무기력하게, 또한 디프레스 감정이 나오지 않도록 만들어줘야 한다. 처음에는 전혀 생각이 떠오르지 않는다. 그러나 횟수를 더할수록 바쁠 때보다 더 생산적이고 효율적인 일을 많이 발견하게 된다. 더 재미를 느낄 것이다. 외로움보다 자연스럽게 혼자서 생활할 수 있는 여유가 생긴다. 상상의 세계가 현실로 바뀌며 가깝게 다가온다. 풍부한 상상이 나온다. 새로운 삶의 청사진을 설계하고 추진한다. 인간 수명의 연장으로 혼자 있는 시간이 점점 많아진다. 바로 이곳이 나와의 공간이자 세계다. 막연히 뜬구름 잡는 생각에서 자기 계발도 할 수 있고 혼자 할 수 있는 취미 생활의 그림이 확실히 그려진다. 그렇다고 친구나 지인과 멀어지라는 뜻은 아니다. 평소에 생각하지 않던, 혼자서 할 일들이 주위에 많이 있다. 이것을 통하여 남은 인생의 청사진이 더 풍요롭게 만들어진다. 번거롭게 많은 사람과 교제하는 것보다 소수라도 질적인 만남이 중요하다. 나를 객관적인 한 귀한 대상으로 보며 시작은 나와의 대화가 먼저다. 정말로 예기치 않게 귀중한 시간과 흥미스러운 재미를 발견할 수 있다. 궁극적인 목적, 즉 생각과 마음이 부정적으로 향하는 것을 막아준다. 내가 힘을 받아야만 숨어 있는 능력을 키워갈 수 있기 때문이다. 나와 친하고, 나를 칭찬하고 격려하라.

나의 감사는
무엇인가?

감사는 감사를 가져온다. 특히 삶에서 지치고 낙망했을 때 다시 힘을 받는 데 필요한 특효약이다. 누구든지 감사할 여건들이 있다. 그러나 대부분 진정한 감사는 내 마음에 다가오지 않는다. 이것은 당연히 누리는 것으로 생각한다. 그나마 드라마틱하게 성공한 사건이나 삶에서 인생 최고의 정점에 올랐을 때 감사를 한다. 그러나 그것도 시간이 가면 우리 기억에서 멀리 사라진다. 우리의 삶은 사소한 일들이 대부분이다. 매일의 작은 일들이 우리의 삶 전체를 차지하고 있다. 그러나 진정한 감사는 평범한 삶에서 오는 감사다. 또는 성공과 실패와 어려움에서 오는 감사다. 기억도 없는 사소하고 작은 감사들이 우리에게는 큰 힘으로 다가온다. 헬렌 켈러의 유명한 소원에서 우리는 감사를 안 할 수가 없다. 그가 원하는 것 가운데 해가 뜨고 지는 것을 보고, 나의 스승의 얼굴을 보고 싶은 것, 일하는 출근길의 역동적인 에너지를 보고 싶은 것 등 연약한 여인의 간절함이다. 그러나 우리 마음에 별 감동이 없다. 우리에게는 모두가 사소한 것들인데 못 보거나 듣지 못하는 사람에게는 그렇게 간절히 원하는 소원들이다.

매일의 생활에 특별한 변화가 없으니 감정이 메마른다. 또한 문제가 없고 일이 잘 풀리면 곧 당연히 내가 잘해서 되는 것으로 생각한다. 세상일에는 작은 돌부리에도 넘어지고 작은 일에 상처받고 예기치 않은 크고 작은 변수들이 수없이 많다. 그럼에도 여기까지 잘 견뎌왔지 않은가? 누구는 사고를 원해서 그러한 어려움을 겪고 있는가? 누구는 실패하고 싶어서 했나? 이러한 질문들을 자신에게 던져보면서 나의 과거를 보면 감사했던 일들이 수없이 있음을 본다. 공기가 없다면, 두 손과 팔이 없다면, 밖의 세상 그리고 물체를 볼 수 없고 듣지 못한다면 등 신체가 불편한 사람들의 소원을 들어보면 우리는 감사해야 할 것들이 넘친다.

우선 정기적인 감사 일지, 혹은 감사 통장을 만들어보자. 처음에는 부담스러울 수 있는데 감사할 여건들을 적을 때마다 감사한 감정을 생각하다 보면 나의 마음 한구석에서 진정 감사의 의미가 무엇인지 깨닫게 된다. 곧 지면이 모자랄 정도로 감사할 여건들이 무수히 있음을 알게 된다. 평온했을 때, 비와 태풍이 몰아쳐도 감사, 큰 것은 물론 작은 것과 사소한 것까지도 감사가 필요하다. 단편적으로 보는 것보다 그것이 동기가 되어 잘된 일들을 생각하면 감사하지 않을 수 없다. 사소한 일, 보기에 당연한 일부터 감사하는 훈련을 시작해보는 것이다. 이것이 바탕이 되어 나중에는 큰 시련과 고통이 와도 담대히 진정한 감사를 할 수가 있어 무사히 어려움을 이기고 나갈 수가 있다. 모든 일이 당연한 일이라고 생각하는 것은 너무나 편협하고 이기적이며 나를 합리화시키는 생각이다. 빠르게 변하는 환경에서, 특히 디프레스와 정신적인 병들이 전염병처럼 무섭게 번져가는 것을 본다. 사회가 어지럽고 뒤숭숭하여 심각한 외로움증, 우울증, 전염병에 대한 공포, 술 중독, 마약과 약물 중독, 불면증 등 세상이 급속하게 변함에 따라 우리의 정신 상태는 병들고 황폐해지는 것을 본다. 이럴 때 감사는 특효약이다. 감사는 곧 절대적인 자신감으로 연결된다. 우리의 삶은 실패감이나 슬픔에서 오랫동안 머무를 수가 없다. 감사로 준비된 마음에는 이러한 후유증이 침범할 수 없다. 완전한 방어책으로 오

히려 이들에게 강력한 수단인 면역이 되고 치료 작용까지
한다. 특히 낙망과 실망, 그리고 어려운 시기를 통과할 때
에 감사할 일들을 떠올려보면 더욱 강력한 힘이 되며, 힘
있는 자신감을 만든다. 어렵고 병들고 실패한 어둠의 긴
터널을 지날 때 감사는 우리에게 힘이 되어주고 보호하고
지탱해준다. 감사는 혼란 중에서 마음의 평정감을 가져다
준다. 감사는 우리에게 강한 인내심을 가져다준다. 감사
는 우리에게 강한 동기부여를 유발한다.

이런 과정을 통하여 세상을 보는, 문제들을 보는 나의
시각과 생각이 바뀌며 더 적극적, 도전적, 긍정적, 미래지
향적으로 바뀌고 강력한 자신감으로 이어진다. 문제 자체
를 보는 것보다 더 넓게, 믿음의 마음으로 나가서 축복의
마음으로 생각해보는 것이다. 뒤에는 축복이 된다는 믿음
의 눈으로 보는 것이다. 분명히 문제는 축복으로 인도하
는 매개체다. 문제를 통하여 더 좋은 환경으로 바뀐 실제
예를 필자는 물론 이웃으로부터 수없이 보고 들어왔다.
자신들의 문제와 외부 환경에 대한 원망과 불평 가운데에
있는 삶에서 기적은 일어나지 않는다.

실패는 성공의 어머니라고 일컫는다. 토마스 에디슨을 보면 정확히 맞는 말이다. 세상에서 위대한 성공은 진정한 감사와 어려운 환경과 여건들을 극복하는 투쟁 의식, 그리고 자신의 철저한 노력, 훈련들로 이루어졌다. 감사의 여건은 내가 실행하는 모든 것이 완벽하게 잘되는 것보다 목적을 향하여 노력할 수 있다는 것, 점점 향상되고 있는 과정이라는 희망을 갖는 것이다. 나의 핸디캡에 대하여, 앞에 놓여 있는 문제들에 대하여 겸허하게 받아들이며 감사를 드려보자. 물론 이것에 합당한 노력과 행동을 해야 한다. 어떠한 감사의 결과가 나오는가? 기적이 일어난다. 반대의 사건들이 일어난다. 또한 환경이 바뀐다. 이렇듯 감사의 능력은 승리로 만드는 획기적인 게임 체인저의 역할을 한다.

감사에는 세상을 바꾸는 능력이 있다. 환경을 바꾸는 위대한 능력을 가지고 있다. 불가능한 것을 가능케 하는 능력이다. 우리나라가 자원이 전무한 가운데 이렇듯 단기간 내에 여러 분야에서 세계적인 선구자 역할을 할 수 있었던 것은 남과 사회와 환경에 대한 불평보다는 현실을 받아들이고 그것에 감사하는 마음으로 우리도 할 수 있다는 각오로 밤낮을 새워가며 노력한 결과라고 보는 것이다. 원망, 불평과 불운에 이유를 돌리지 말고 대신 그런 이유로 인하여 더 열심히 노력한 결과 기적적인 발전을 이룬 것에 대한 감사가 중요하다. 감사의 가장 큰 능력 중 하나가 잘못되어가는 형편을 이로운 방향으로 역전환시키는 기적의 능력이다. 대부분의 세상일들이 연습과 노력에 의하여 이루어지듯이 감사하는 마음도 훈련과 연습에 의하여 이루어진다. 노력을 했으니까 당연히 받는 것이 무슨 감사할 일인가 하며 의문을 가질 수 있으나 헛된 노력만 하고 시간만 낭비한 사건은 삶에서 셀 수 없이 많다. 감사는 수동적으로 받는 것, 주어지는 것보다는 내가 노력하며 찾아야 한다. 그 결과 값지고 귀중한 감사가 된다. 감사하다는 말이 입에서 떠나면 안 된다. 왜냐하면 그 대신 불평이 찾아오기 때문이다. 불평은 삶의 큰 걸림돌이 되고 씨앗이 된다. 불평의 씨앗을 뿌리면 불평의 결과만 나타난다.

감사의 마음을 갖기 위한 몇 가지 훈련 지침을 적어보

자면, 나에게 도움을 준 사람들을 생각한다. 삶에서 일이 안된 것, 그리고 잘된 것을 기억한다. 모두 감사의 중요한 부분이 있다. 잘 안된 것, 이루어지지 않은 것에 대해서도 감사를 하는 것이다. 우리가 감사를 할 수 있는 것은 안된 것 때문에 감사하여야 하며, 잘되는 것에 당연히 더 감사할 수밖에 없다. 하는 모든 일마다 잘된다고 가정하면 우리의 진정한 감사는 존재하지 않는다. 그것을 깨닫지도 못한다. 우리의 삶은 짜여진 계획에 의하여 진행이 되는데 그 계획이 빗나가면 불평과 분노를 표출하게 된다. 잠깐 멈추어 흩어진 마음을 정리하는 습관이 필요하다. 정기적으로 균형된 시각으로 사물을 보며 감사하는 훈련이다. 우리의 마음을 변화시키는 능력이 있다. 감사로 변화되는 훈련이다. 일이 안된 것일수록 감사를 하자. 자신감을 만들어준다. 정기적으로 나와의 시간을 의식적으로 만들어보자. 감사할 일이 얼마나 있는가 세어본다. 삶에서 온갖 어려움을 견디고 나온 지금의 나를 생각해보자. 오늘도 하루 무사히 잘 지내게 해준 것을 감사한다. 감사는 우리가 할수 있는 축복의 특권이다. 감사에는 기적의 능력이 있다.

나의 결점을
소중하게 여기라

누구나 결점이 있다. 겉으로 보이든 내적으로 있든, 인간이기에 완전한 존재가 아니다. 삶에서 귀한 업적들을 남긴 위대한 사람일수록 나름의 핸디캡을 갖고 있다. 능력이 많을수록 나름대로 결점이 있을 확률이 많다. '결점'이란 나에게 무슨 의미가 있는가? 이 답에서 뜻하는 의미에는 인생의 갈림길이 둘로 나뉜다. 하나는 고칠 수 없는 핸디캡으로 삶을 포기하려는 생각이다. 일생을 원망하며 사는 인생이다.

　　소경으로 태어난 어느 유명 가수가 나를 세상에 나오게 한 그의 어머니를 원망하며 부른 인생 한탄의 곡이 있다. '어머니, 왜 나 같은 자식을 낳으셨나요?' 상당히 원망조의 곡이다. 얼마나 힘든 좌절의 삶을 살고 있을까? 충분히 동감하는 절규의 외침이다. 반면에 소경이요, 벙어리, 귀머거리 등의 핸디캡을 무릅쓰고 어린 여자의 몸으로 역경을 넘어서 승리한 헬렌 켈러, 그 밖에 수많은 공적을 남긴 위대한 사람들 모두가 자신들은 삶에서 이야기하지 못할 마음의 상처, 고통, 그리고 어둠의 그림자가 많이 있다.

아픈 경험을 하는 이것들 모두가 장애물이자 핸디캡이다. 인간은 제일 멋지고 귀중한 신의 창조물이다. 완벽하고 흠이 없는 창조물이다. 우리 각자에게는 위대한 능력이 있다. 장애물도 넘는 능력을 가지고 태어났다.

그러나 인간이 보는 장애 혹은 결점은 삶에서 없어서는 안 될 귀중한 존재다. 이것을 보는 나의 눈이 인생의 성공과 실패로 나누어진다. 왜냐하면 장애가 역시 귀하게 쓰임을 받기 때문이다. 이것은 삶에 목적을 이루는 강력한 동기부여를 만들어준다. 지구상의 모든 생물, 살아 있는 것들은 그들만의 핸디캡과 약점을 보완하기 위해 자신들을 계발하고 발전시키는 특별한 생존의 비법이 있다. 이것에 대비하지 못한 동물들은 멸종하고 만다. 바로 이것이 생존 게임에서 귀한 몫을 한다.

아는 지인이 있다. 그는 태어날 때부터 선천성 소아마비 증상을 갖고 태어났다. 자신의 핸디캡을 보완하기 위해 무엇이든지 원하는 것을 열심히 배우고 노력한 결과 성공한 사업가가 되었고, 골프가 핸디요 불편한 손으로 웬만한 악기는 거의 다룰 줄 알고 여러 나라 음식을 만드는 조리사의 인증서를 받았고 그 밖에 다방면에서 움직이는 백과사전처럼 박식한 지식을 갖고 있다. 그의 말에 의하면 이러한 발버둥은 불편한 신체를 극복하고 살아남기 의한 생존 방법이라고 한다. 움직이지 않는 몸의 일부분을 다시 회생시키는 방법이다. 사실 불가능하다. 자신의 신세를 한탄하지 않고 넘어서는 인생의 승리자의 눈으로 보며 또한 타인에게 도움을 주며 귀한 쓰임을 받는 삶이다. 그의 단점들이 그를 큰 능력자로 만들었다. 장애가 나를 강하게 세우는 결정적인 동기부여의 역할을 하기 때문이다.

나의 부족한 면은 장점과 강점들이 커버하는 큰 역할을 한다. 즉, 나의 장점은 더 강하게 키워 나의 약점을 보완하는 것이다. 이로 인하여 약한 부분을 커버하며 모두 다 강하게 된다. 정상적인 신체 조건보다 더 업그레이드된 삶이다. 인간은 누구나 장점이 있으면 또한 약한 점도 가지고 있다. 바로 나의 장점을 최대한 발전시키는 것이다. 유명한 가수들 가운데 맹인들인 레이 찰스, 스티비 원더, 호세 펠리치아노, 그리고 안드리아 보첼리가 바로 이들이다.

베토벤, 슈만, 멘델스존 등은 클래식 작곡가들이다. 발명가 에디슨도 치명적인 육신 혹은 심리적인 핸디캡을 가지고 태어났다. 장애는 고치기 쉽지 않다. 고치는 것과 한 단계 높이는 승화가 필요하다. '나는 단점이 많다, 제대로 하는 것이 없다'라고 불평하기 전에 대신 갖고 있는 장점을 찾아내고 계발하고 더 발전시켜야 한다. 장점과 강한 점이 나의 치명적인 약점을 동시에 이기는 역할을 한다. 이들은 단점으로 인하여 그들을 더 빛나게 만들었다. 역경을 이기고 승리한 성공자들이다. 이것은 선택이 아니라 필수적인 행동이다.

우리 주위에서 장애인들의 성공담을 무수히 들을 수 있다. 장애는 신체적으로 부자유한 곳에 국한되는 것이 아니라 처한 사회와 가정, 그리고 모든 환경과 여건에 적용된다. 이러한 환경에서 과감히 뛰어나와서 다른 길을 찾아야 한다. 이러한 모든 단점들이 한 분야에서 선두 주자로 만드는 큰 동기가 된다. 나의 단점은 무엇인가? 방해하는 환경은 무엇인가? 실망할 필요가 없다. 시간을 갖고 찾아보자. 단점을 장점화시키는 지혜가 필요하다. 내가 좋아하고 잘하는 것들을 연구해서 발전시켜보는 것이다. 나는 대학 시절 때 끊어지는 고통의 허리 병, 그리고 심한 위장장애를 가지고 영어 웅변대회에서 부문 최우수상과 우수상을 차지했다. 원래 나의 성격은 막내로 자라서 소심했고 부끄러움이 많았다. 그 당시 감당하기 어려운 고통은 나와의 싸움의 시작이었다. 엄청난 장애요, 핸디캡 그 자체였다. 그 과정은 산 넘어 산의 준비 그리고 연습의 연습 과정을 거쳐야 한다. 그래도 오직 한번 싸워서 이겨보겠다는 신념밖에 없었다. 추운 겨울 앞산에 올라가 매섭게 몰아치는 거친 바람을 맞으며 연습에 연습을 거듭했던 그 훈련은 나에게 잊지 못할 큰 힘이 되었다. 그 당시 신체적 여건으로는 도저히 감당하지 못할 큰 장애물이었다. 누구에게만 한정된 싸움 그리고 승리가 아니다. 우리 모두에게 다 적용되는 원리요, 도전이요, 승리요, 정복이다. 이렇듯 장점, 핸디캡 모두 우리에게는 우리를 성장시키는 큰 응원군이요, 또한 원동력이다. 자포자기, 체념만이 대응책은 아니다. 작은 것부터 시작해보는 것이다. 그만큼 더 노력이 필요하다. 뜻밖의 응원군들이 모인다. 바로 생존의 필수 도구다. 장애는 삶에 불편을 주며 큰 짐이 된다. 그러나 그대로 받아들이고 인정하고 더 발전하고자 하는 노력이 있을 때 그 결과 큰 선물로 우리에게 보상해 준다.

누구에게든지 장점만 있을 수가 없다. 이것이 인간의 본질이요, 완전하게 태어난 사람은 아무도 없다. 이런 동기와 환경에서 새로운 삶, 기적의 삶이 태어난다. 오히려 장애와 단점을 통하여 내가 더 높게 성장하기 때문이다. 나의 치명적 단점과 핸디캡에 감사를 드리자. 이것이 바로 나에게 높게 뛰어넘는 발판이 된다.

나의 기는
어디에서 오나?

우린 모두 '기'란 말을 좋아한다. 모두가 '기' 받기를 염원한다. 장소는 높은 산 위에서, 혹은 광활한 곳, 웅장한 분위기, 혹은 산 깊은 곳이 바로 최적지로 꼽힌다. 그러나 소위 '기'라는 용어는 신비한 단어도 아니고 갑자기 홀린 듯 왔다가 갑자기 떠나는 것도 아니다. 쉽게 표현하면 이것은 '에너지' 혹은 '힘' 혹은 '역동력'으로 표현이 된다. 어원은 원시 시대에서 내려오는 신비한 능력, 생존하기 위한 수단으로 큰 바위나 혹은 어떤 형상 앞에서 신에게 원하는 것을 요구하는 주술과 같은 내용이 포함되어 있다. 여러 가지 외부의 공격으로부터 보호하기 위한 생존 수단으로, 웅장한 자연 앞에서 에너지를 받는 것이다.

알기 쉬운 '에너지'로 표현하자. 실제적인 면에서 고찰하면 온 우주 만물은 에너지로 구성되어 있다. 특히 자연계에서 에너지는 모든 변화 자체다. 지구의 회전, 만유인력, 작열하는 태양열, 사계절 특유의 제각각 에너지가 있다. 만물이 소생하는 봄, 뜨거운 태양, 무더운 장마, 과일과 곡식이 익어가는 계절, 추운 빙점 이하로 떨어지며 모든 생물이 동면하는 시기 등이다. 태양, 공기, 바람, 구름, 비, 지진, 이 모두 각자의 에너지에 의하여 형성된 것이다. 지구의 자전 운동, 강렬한 태양, 뉴턴이 발견한 만유인력, 즉 물체 사이에서 당기는 에너지. 우리가 살고 있는 지구 땅속에서는 물이 솟구쳐 나오고, 뜨거운 불구덩이가 항상 곧 터지려는 용솟음의 움직임과 그 열기의 에너지로 가득 차 있다. 파도와 폭포를 보고 웅장한 높은 산세에서 나오는 에너지는 심지어 두렵기까지 하다. 흔히들 이야기하는 '기'가 느껴진다. 어두운 구름과 혹은 뭉게구름에서 에너지를 느낀다. 천재지변은 우주의 정리되지 않은 강력한 에너지가 분출된 현상이라고 본다. 겹겹이 쌓인 높은 산의 웅장함을 보고 기를 받는다고 한다. 그러나 우리 주위의 모든 것에는 에너지가 아닌 것이 없다. 풀과 꽃에서, 각기 살아 있는 동물과 모든 생물에서 생존을 위한 제 나름의 에너지를 발산하고 있다. 곧 피어날 꽃봉오리를 보며 활짝 피어날 세미하고 오묘한 에너지의 발산을 본다. 새가 하늘 높이 나는 것도 모두 에너지다. 이 모든 것을 한마디로 표현한다면 에너지 천국이다.

이처럼 에너지가 역동적인 환경 가운데 우리는 생활한다. 그러나 우리의 마음은 어떠한가? 나의 입에선 '죽겠다'라는 말이 항상 따라붙는다. 좋아서도 죽겠고, 싫으면 더 죽을 것 같은 것이 우리의 표현이다. 현실은 디프레스와 외로움에 지쳐 헤어나지를 못한다. 특히 COVID-19 이후 삶의 패턴이 무너졌다. 사회와 접촉이 두절된 고립된 삶을 살다 보니 술과 마약으로 외로움과 두려움을 달래고 그 결과 수많은 죽음으로 몰아가고 정신적인 불안감 등 총기 사고가 급증하고 디프레스로 인한 심리적인 황폐는 자살로 이어진다. 온 사회 분위기가 어두운 구름 아래서 허우적거리는 상황이다. 기쁨과 소망이 사라졌다. 이 모든 것이 에너지의 결핍이다. 이러한 삶의 환경을 극복하고 미래를 위한 목적과 사명을 찾아야 한다. 자신에게 수시로 물어보라.

바로 나의 삶에서 에너지의 요구는 필수요, 반드시 찾고 얻어야만 한다. 강력한 예방 차원의 자구책이라고 본다. 나의 에너지는 어디서 나오나? 무엇보다 중요한 사실은 나 자신이 에너지로 구성되어 있다는 사실이다. 인간,

즉 완전한 창조물은 에너지로 구성되어 있다. 우리 몸은 정신적, 육체적으로 계속 움직이는 에너지 운동을 하고 있다. 구체적으로 보면 사람과의 만남과 대화에서 에너지가 넘쳐난다. 남의 이야기, 나의 말에서 에너지를 서로 주고받는다. 남녀의 대화에서 불꽃 튀는 사랑의 뜨거운 에너지, 스파크가 터진다. 운동 경기에서 승부의 치열한 싸움의 충만한 에너지를 느낀다. 수많은 군중과 함성 소리에 엄청난 에너지를 느낀다. 오케스트라의 연주를 들으며 조화스러운 에너지가 발산된다. 주위에서 자주 보는 크고 작은 에너지를 발견한다. 프리웨이 다리 위에서 아래를 보면 자동차의 빠른 속도에서 에너지를 발견한다. 인간의 업적과 성취에 의해서 큰 에너지를 볼 수 있다. 심지어는 주위의 좋지 않은 상황에서도 나름의 에너지가 있다. 내려감에는 올라오는 에너지가 내포되어 있다. 잘못되어가고 있는 것처럼 보이나 다시 올라가는 에너지가 기다리고 있다. 요요의 작용처럼 내려가지만 솟구쳐 올라오는 힘이 있다.

이렇듯 세상 모두 에너지로 싸여 있다고 해도 과언이

아니다. 중요한 포인트는 이것들을 보는 나의 시각과 생각이다. 힘의 넘침으로 보는가, 아니면 부정적인 눈으로 보는가? 아니면 관심조차 없는가? 그러나 대개 관심 밖이다. 항상 보고 접하는 것이기 때문이다. 이곳에서 호기심의 발동으로 내 것으로 만들어 자체 에너지로 축적해야 한다. 다음은 내 속에 있는 에너지를 어떻게 쟁취하는가다. 여러번 언급했지만 '나'라는 존재는 능력을 가지고 태어났다. 이것에 세상의 모든 에너지들을 나에게 접목시키는 일이다. 나에게 에너지를 가져다주는 곳에 집중하면 된다. 하고 싶은 것, 나의 강점과 장점 등이 에너지의 중요한 원천이다. 그것들을 어떻게 취하는가는 개인의 노력, 훈련, 책임이라고 본다. 모든 생활이 고도로 발달되고 시시각각 변하는 현재에 살고 있지만 그 편리함에 타성이 되어버렸다. 그러나 이곳에서 에너지를 찾고 방향을 찾고 내 것으로 끌어들이는 것은 각자의 몫이다. 주위 에너지를 내 것으로 만드는 방법을 알아보자. 주위 환경을 바꿔본다. 매일 하는 일, 자주 만나는 친구, 이웃들에 대한 관찰과 분석이 필요하다. 무엇보다 힘을 빼앗는 대상들을 순서대로 적어본다. 다음은 하나둘씩 제거하는 작업이다. 시간이 필요할 수 있다. 할 수 있는 것부터 실행에 옮긴다. 그중에는 할 수 없는 것들도 있다.

어느 환경에 있든지, 누구와 만나든지, 매일의 삶에서 혹은 매 순간에서 의식적으로 나의 강점, 장점과 기분 좋은 것들, 감사한 것들에서 에너지를 찾도록 해야 한다. 운동, 명상과 기도, 혹은 좋아하는 분야를 찾아 배우는 과정에서 에너지를 찾아보자. 조용한 시간에 혼자서 나에 대한 질문을 던지며 과거에 좋아했던, 힘을 주는, 칭찬을 들었던 모든 것을 떠올린다. 이곳에 집중하여 찾아내며 나의 강점을 더 계발하고 이것으로 약점을 보완한다. 일상에서 쉽게 접할 수 있는 것을 대상으로 시작하고 그것을 내 것으로 받아들인다. 쉬운 예로 자연의 웅장함과 그 변화와 움직임, 강렬한 태양, 운동 게임에서 나오는 그 에너지와 힘을 의식적으로 느끼는 연습이다. 특히 자연환경, 즉 비가 오고 춥고 바람 부는 날 밖에 나가 운동하는 것 등 이런 반복의 훈련을 통하여 연속적으로 마음속 에너지가 축적이 된다. 내 생각에 이러한 에너지의 개념이 확고하면 뇌에서는 그대로 받아들인다.

찾는 것과 내 것으로 만드는 것은 나의 노력과 생각의 변화, 보는 눈이 병행되어야 한다. 긍정적인 생각, 눈으로 보는 습관이다. 의식과 생각이 점차적으로 변화되는 것을 발견할 수 있다. 이러한 관심이 습관화되면 에너지가 내 것이 된다. 거창한 업적과 성취감에서 얻어지는 것보다는 사소한 생활 습관들 가운데서 강력한 에너지가 쉽게 얻어진다. 생활에서 쉽게 얻는 실제적인 효과는 대단한 위력을 갖고 있다. 삶에서 진실된 목적을 추구하고 얻으려고 할 때 우리에게 보상으로 에너지가 축적된다. 이런 과정을 통하여 자연의 모든 변화에서 에너지를 느끼고 들에 핀 예쁜 꽃들에 대하여 아름답다는 감정을 느끼는 것 자체를 에너지로 본다.

에너지의 유지를 위해 부정적인 생각과 그 분위기에서 탈출하는 훈련이 필요하다. 우리 주위에는 부정적이고 낙심적인 요소가 없는 곳이 없다. 찾아봐도 온통 힘들고 안 되는 것들, 우울한 것들, 화나게 하는 것들이 포진하고 있다. 그 환경에서 해방되기란 쉽지 않다. 에너지를 받는 방법으로 터득한 기술은 그것을 인정하고, 받아들이고, 역으로 힘의 축적으로 생각하는 것이다. 그곳에는 긍정적인 부분과 에너지가 숨어 있기 때문이다. 여러 컴퓨터의 새로운 앱의 발전으로 편한 세상이 찾아와도 우리의 정신세계는 공허하고 외롭고 힘들고 외로움과 우울증으로 인하여 젊은 층에서 자살율이 점차 증가하고 있다. 약물의 의존에 의하여 이웃들이 넘어짐은 사회 전체에 치명적으로 다가온다. 이들은 강한 전염성이 있어 특히 심약한 젊은 층에서 동정 의식을 유발하고 나아가서 유토피아의 아름다운 이상의 생각을 가져다준다. 결국은 연쇄 자살로 이어진다. 개인은 물론 사회와 국가에 치명적인 재앙이 올 수가 있다. 대체 방법을 찾고 그것의 정체를 알고 적극적인 방어를 훈련하지 않으면 힘든 디프레스에 빠진다.

의식적으로 냉정한 이성적 감정을 유지하고 생각하는 훈련이 필요하다. 구체적인 실행 방법은 다음 챕터에서 상세하게 설명을 할 것이다. 내 주위에 있는 수많은 에너지 요소를 내 것으로 만들자. 이러한 습관들이 함께 모여 어느 환경에 처했든지 당당하고 능력 있게 자신감 넘치는 삶을 이루어갈 수 있다.

　정리를 해보자. 확신의 생각으로 나에게 다음과 같은
메시지를 보내야 한다.

　① 나는 하나님의 최상의 걸작품이다.

　② 나는 능력을 갖고 태어났다.

　③ 나는 세상에서 유일한 가장 귀한 존재다.

　④ 나는 삶의 귀한 목적을 갖고 태어났다.

　⑤ 나에게 힘을 주는 것을 찾는다.

　⑥ 나의 강점을 발견하고 계발하며 그것으로 약점을 보
　　완한다.

나의 몸,
자세, 외모

자신감과 외모는 직접적인 연관성이 있다. 평소 우리는 외모에 특별한 관심을 갖고 있지 않았다. 이유는 경제적으로 외모에까지 신경을 쓸 세대가 아니었기 때문이다. 그러나 신세대인 2세와 3세들의 경제적 부의 축적은 자신들의 이미지를 완전히 바꿔놓았다. 외국의 패션을 도입하고 감각을 익히는 과정 가운데 이들 세대는 두드러지게 외모가 세련되고 특히 최근 우리나라 젊은이들의 복장을 보면 모두가 패션 모델들이요, 첨단의 외모를 자랑하는 영화배우 같다는 생각이다. 자기의 의견을 올바로 표현하는 것 등 역동적이고 활기에 차고 무엇인가 희망에 자신감이 넘쳐나는 장래의 비전을 보는 것만 같다. 도를 넘지 않게 사치만 하지 않는다면 대단히 고무적인 모습들이다. 나만의 자신감의 표현이다. 옷 색깔도 머리 스타일도 구두도 모두 어울리게 입어본다. 자신만의 이미지 변화를 시도한다. 전체적인 조화를 맞추어 입어보자. 조금 알록달록한 색깔도 입어보는 것이다. 개성을 나타낸다. 다만 비싼 브랜드 네임이 아니더라도 나에게 어울린다면

만능열쇠 자신감

시도해본다. 구태의연한 생각에서 벗어나는 생각의 전환이 필요하다. 작은 스텝으로 할 수 있는 범위에서 변화를 시도하는 것이다. 외모의 꾸밈을 통하여 '나'라는 존재를 외부에 알리는 것이다.

우리나라는 성형의 세계 일등이라는 칭호까지 얻게 되었다. 그만큼 외모에 자신이 없다는 뜻일 수 있다. 신세대는 많이 서구형으로 변하고 있지만 보편적으로 동양적인 체형은 조상으로부터 물려받은 선천적인 이유도 있고 전통적으로 외모와 유행에 무관심하다. 집과 사람은 가꾸기 나름이라는 말을 한다. 나름대로 개성 있는 외모는 다 각자의 몫이다. 사치스러운 복장, 화장, 고급진 장신구를 갖는 것보다 자신에 어울리는 복장이다. 이제는 글로벌 시대다. 자신만이 갖고 있는 개성의 표현이 중요하다. 세계적인 유행에 따르는 것은 아니지만 현대 감각, 혹은 깨끗하고 조화된 외모는 타인에게 좋은 인상을 남기며 자신에게는 또 다른 자신감, 에너지를 가져다준다. 남에게 나를 긍정적으로 소개하고 나타내는 도구라고 본다. 나름대로 상대방에게 호감 가는 외모는 나에게도 자신감을 주며 또

하나의 동기부여를 가져다준다. 두발의 스타일과 신발의 세련감도 같이 맞춘다면 더 이상 바랄 것이 없으리라 본다. 외적인 변화는 곧 내적인 변화를 가져온다. 중요한 부분은 내면적으로 자신감 넘치게 치장을 해보자.

나의 자세는 어떠한가? 일을 향한 나의 태도, 자신감을 주는 외모는 어떠한가? 간단한 방법 몇 가지를 알아보자. 마음에 당당함은 필수적으로 갖고 있어야 한다. 우선 어깨를 펴는 당당한 자세다. 길에서 오가며 수많은 사람들과 마주친다. 문제는, 상대방과 마주치는 우리의 몸자세와 눈길이다. 예를 든다면 상대방과 마주칠 때 나의 자세는 어떠한가? 눈의 시선은 어디를 향하고 있나? 아래를 쳐다보고 몸을 움츠리는 자세, 그리고 눈길을 피하는 표정은 곧 '나는 약하다'라는 인식을 외부에 알리는 표식이다. 절대적인 자신감 부족의 표현이다. 이것은 수줍음, 친근하지 않음에서 오는 원인과 버릇이 이유일 것이다. 동물의 공격을 받을 때 피하지 말고 당당히 그 눈을 똑바로 쳐다보고 방어를 하면 위험을 면할 수 있는 것과 같은 이치다. 우리 눈은 곧 마음의 전달이다. 소리가 없는 강력한 메시지를 전달하는 것이 눈의 기능이다. 인간의 뜻과 모든 감정이 눈을 통하여 밖에 전달이 된다. 상대에게 이야기하거나 남의 말을 들을 때는 눈을 쳐다보며 진실한 관심을 보여야 한다. 또한 상대에게 호감과 예의, 그리고 좋은 인상을 남기는 대단히 효과적인 방법이다. 대화에서 열심히 듣고 있다는, 상대에게 예의를 갖추는 방법이다. 어린아이의 청순한 눈에서, 사랑하는 사람의 눈에서 읽을 수가 있다. 갓난아이에게 우유를 주면 주는 사람의 눈을 뚫어지게 쳐다본다. 특히 눈은 우리 희로애락의 감정을 표시하는 강력한 기능이 있다. 눈은 바로 마음을 표현하는 도구기 때문이다. 상대방의 눈에 고정하고 진지하게 듣는 습관이다. 자신감 넘치는 사람들의 대표적 공통점인 외적 표현이며, 상대방과의 대화에 깊이 주의를 기울이며 듣는, 진지하고 예의 깊은 태도로 볼 수 있다.

자신감 있고 유연한 몸의 자세는 곧 위풍당당한 자세다. 마음속으로는 상대방을 배려하는 친절하고 겸손한 자세를 유지해야 한다. 건방지고 오만하라는 뜻이 아니다. 걸을 때는 상체를 곧게 세우고 90도 각도로 쳐다보며 자신감 넘치는 자세를 유지하는 것이 매우 중요하다. 이러한 몸 자세의 습관으로 마음도 자연스럽게 당당한 자신감으로 변화되는 것을 발견한다. 이러한 것은 평소에 연습이 필요하다. 당당한 자세로 상대를 대하면 대화를 리드하는 효과가 있고 나의 메시지가 능력을 더하여 설득력이 배로 증가한다. 강력한 자신감의 표현이다. 상대에게 호감과 신뢰감을 주는 자신감 있는 진지한 태도, 진지한 얼굴 표정, 몸의 자세를 늘 유지해야 한다. 사람과의 관계에서 엄청난 신뢰감의 힘이 있다. 또한 웃음의 얼굴을 항상 유지하는 것도 상당한 효과가 있다. 이것은 연습과 훈련을 통하여 자연스럽게 만들어진다. 이러한 외모의 표정 관리가 내적인 마음 자세를 최고도의 긍정적인 자세로 바꿔놓는다. 그러나 내면적인 면으로는 상대를 배려하는 겸손함과 솔직함, 친절함은 필수적으로 갖추고 있어야 한다. 오만하다는 인상을 주면 오히려 부정적인 결과만 초래한다. 이것은 상대방과의 장벽을 허무는 역할을 한다.

이렇듯 우리는 누구와 만나더라도 당당한 태도를 취할 필요가 있다. 무엇인가 상대에게 에너지를 주고 나의 긍정적인 이미지와 메시지를 전달하는 방법이다. 당당한 나의 표현이며 능동적, 적극적이며 힘이 있는 강력한 인상을 상대에게 남긴다. 이렇듯 수동적이고 수줍은 자세에서 적극적이고 당당한 태도를 유지하는 것은 자신감의 훈련에 지대한 도움을 준다. 매우 효과적인 훈련이다. 의식적으로 매일 몇 분이라도 연습을 해보자. 구체적으로 실제로 걸을 때 혹은 운전할 때 낯선 사람의 이미지를 생각하고 자신감을 갖고 당당히 대하는 상상의 훈련을 하는 것이다. 얼굴 표정도 밝고 환하게 적극적으로 표현을 해본다. 처음에는 어색하고 습관이 되지 않아 포기할 수도 있다. 그러나 훈련이 나의 습관으로 내면에 강력하게 자리 잡는다. 수줍음 많고 내성적인 성격도 점차 외향적, 적극적으로 바뀌어간다. 반복의 훈련은 좋은 결과를 얻는다. 뇌에게 명령을 내리고 의식구조를 적극적으로 바꿔야 한다. 그들에게 눈을 맞추고 어깨를 펴고 적극적인 태도로 웃음도 환하게 지어주는 훈련이다. 얼마 동안 훈련을 하면 상대에 대한 두려움이 사라지고 내가 주인공이라는 의식이 자리를 잡는다. 상대와 대화 중에 내가 리드할 수 있고 그리고 상대에 대한 적극적인 반응과 의사 표현도 매우 중요하다. 목소리의 강도를 조금 크고 강하게 또박또박, 엑센트 있게 대화하는 연습이 필요하다. 이러한 훈련을 의식적으로 자주 연습한다. 얼마 후 나의 마음에 어떠한 변화가 일어나는지 관찰하면 곧 놀라운 새로운 나를 발견할 것이다.

작은 시도가 나의 생각과 태도와 생활 전체를 바꾼다. 잘못된 습관이나 편견 등은 나의 생각을 수동적, 부정적으로 만든다. 몸 자세를 바꿈으로써 심리적으로 적극적인 긍정의 모드로 바뀐다. 인간의 마음은 대부분 약하고 낯선 것에 대하여 불편한 마음을 갖고 있다. 상대의 인상이 아무리 압도하는 분위기라도 절대로 주눅이 들거나 위축될 필요가 없다. 다른 예를 들어보자. 회사에서 하루 종일 조용히 상사가 시키는 대로 책상만 보고 일을 하는 사람들을 본다. 그러나 대부분의 회사는 직원들에게 주어진 일만 공손히 하는 착실한 이미지보다는 능력 있고 창조적이며 목적 지향적인 일꾼을 원한다. 이러한 상황에서, 회사에서 힘들고 안 되는 부정적인 안건보다는 달성할 수 있는 창의적인 안건과 실행을 원한다. 전자의 인물이 회사에서 차지하는 비중은 기초적인 일들, 퇴직을 해도 별 중요하지 않은 인물이 된다. 자신을 회사에서 없어서는 안 될 핵심의 인물로 만들어보라.

잘 아는 친척이 다니는 굴지의 리싸이클링 회사에서 항상 아침 일찍 스스로 30분 먼저 가서 커피도 만들어놓고 간단한 청소와 정리도 하며 동료들을 위하여 하루 일과를 준비했다. 그리고 회사에서 다른 사람이 원치 않는 휴일에 자청해서 근무 자원한 것, 휴가도 회사를 배려하여 회사의 사정에 맞추어 필요한 때에 신청을 했다. 그 결과 급료도 다른 사람보다 몇 배 빠르게 올랐고 진급도 초고속으로 올라갔다. 타 직원들이 공평하지 않다고 불평이 많았다. 그러나 회사에 대한 그의 지대한 공로는 타 직원들도 알고 있었다. 심지어 정년도 65세에 해야 하는데 그는 원하는 나이에 할 수 있는 파격적인 대우를 받고 있다. 오히려 더 오래 머물러달라고 요청을 했다. 회사가 진정 원하는 직원의 모범상이다. 다른 직원이 하지 않는, 힘들어하는 부분을 맡아서 자청하며 회사를 위하여 희생적으로 도운 그의 근무 태도로 결국 없어서는 안 될 핵심의 직원이 되었다. 한동안 회사가 흔들릴 때에도 많은 직원들이 밀려났으나 오직 그만 비켜 갔다. 이렇듯 자발적으로 자신의 참모습을 나타내고 회사를 위하는 적극적인 방법은 어느 사회 혹은 회사에서나 없어서는 안 될 필수적인 구성원으로 오래 남는다. 사정에 따라서 계획보다 1~2마일 더 갈 수 있는 행동도 필요하다.

이것으로 우리가 가져야 할 적극적인 태도, 희생이 필요한 곳에 적극적이고 이기심 없는 마음이 얼마나 중요한 역할을 하는지 알 수 있다. 물론 쉬운 일은 아니다. 나의 책임만 겨우 달성하는 직원들은 회사가 어려울 때 감원 대상의 제1순위다. 무조건 상사의 지시나 명령만을 따르는 존재가 아니라 나도 중요한 한 구성원, 회사에서 필요하고 인정받는 직원으로 회사의 발전을 위하여 구체적, 실제적, 적극적으로 힘든 일도 맡아 상사나 동료에게 창의적인 의견을 제시한다면 앞에 놓인 장벽들을 허물 수가 있고 승진의 기회가 찾아온다. 이것이 나의 자세, 색깔, 나만의 적극적이고 이기심 없는, 외적인 당당한 표현이다. 적극적인 나의 표현이다. 현시대는 수동적인 자세보다는 적극적인 나의 표현을 더 원한다. 외적의 표현인 호감 있는 외모와 몸가짐과 더불어 내적인 의식 훈련을 동시에 하는 가운데 가공할 자신감은 더 쌓인다.

나의
첨단 무기는?

세상이 진화할수록 인간의 삶은 황폐화된다. 최근 세상은 여러 SNS 및 수많은 새로운 앱과 새로운 프로그램들의 출현으로 우리의 생활이 점점 편하게 되어가고 있다. 쉽게 원하는 모든 정보와 필요한 정보를 대부분 얻을 수가 있다. 무엇보다도 인간 수명에 필수적인 건강 정보, 그리고 질병에 관한 여러 예방 등 중요한 정보를 쉽게 접할 수 있다. 이러한 유익하고 편리한 정보망으로 인하여 인간 수명이 100세 시대로 진입하고 있다. 그런데 정보가 홍수처럼 넘치다 보니 진실이 아닌 허위로 조작된 정보도 있다.

출처 불분명한 COVID-19 바이러스의 영향으로 인간이 겪는 삶의 고통은 상상을 초월한다. 수많은 생명이 희생됐고 생활 패턴까지 고립적으로 바꿔놓았다. 이것에 대한 부작용은 육신뿐 아니고 정신적인 면에서 고독감, 디프레스, 정신 심약, 생명에 대한 극도의 불안감, 강제 격리 수용 등으로 이어져 이로 인한 후유증으로 마약과 알콜 남용이 급증하며 범죄가 폭발적으로 증가하고 그 후유증으로 인해 홈리스 수가 기하급수적으로 늘어나 도시마다 그 피해가 상상을 초월하는 현재 실정이다. 이에 수반되는 범죄가 큰 문제로 대두되고 있는 현실이다. 극도로 심한 인플레, 부동산, 연료 그리고 모든 물가의 급등, 치안의 부재에 의한 범죄 폭증, 국제 정세의 악화와 러시아의 우크라이나 침공으로 인한 전쟁 참사, 식량 기근 등 모든 세계가 심한 고통 중에 있음을 본다. 이 모든 것들은 사회 전반에 걸쳐 불안한 분위기를 만들어내 심리적으로 큰 피해의 요인이 되고 있는 현실이다. 이것들에 의한 사회의 피해가 극도로 심하여 국가, 사회, 가정을 심히 피폐하게 만들고 있다.

이러한 현실에서 나를 흔들리지 않게 굳건히 지켜내고 방어하는 큰 무기가 바로 강력한 나만의 첨단 무기다. 전쟁에서 승리하는 유일한 요인은 강력한 정신력, 그리고 나만의 최신 무기 장착이다. 강하고 담대한 정신력은 이 책의 여러 챕터에서 자세하게 설명하고 있다. 그러나 나만의 첨단 무기의 개발은 더 절실하게 요구되고 있다. 대표적인 첨단 무기가 무엇인지 알아보자. 그것은 바로 필요한, 그리고 중요한 지식을 쌓는 것이다. 지식을 쌓는다는 말은 곧 심도 있는 실력과 지식이다. '아는 것이 힘이다'라고 명언에서 말해주고 있다. 이 명언은 과거나 지금이나 동일하게 필수적이다. 물론 삶의 형편상 내가 원하는 것에만 초점을 맞추기는 쉽지 않다. 그러나 갖고 있는 이점과 경험을 이용하여 그에 관련된 기술을 더 개발하고 또한 소속된 분야에서 필요한, 전문적으로 업그레이드된 심도 있는 기술 향상이 필요하다. 또한 새로운 분야에 관심을 갖고 시도하는 것도 방법이다. 나의 강점을 발견하고 좋아하는 것, 잘하는 것, 원하는 것으로 시작한다. 물론 이것저것 순서 없이 많이 배우라는 의미는 아니다. 옛말에 '한 우물만 열심히 파라'라는 말처럼 몇 개라도 심도 있게, 원하는 분야에 집중해야 한다. 여러 군데 분산되면 결국은 다 놓치기 쉽다. 지금 할 수 있는 것부터, 작은 분야부터 포커스를 맞추고 시작하는 것이 중요하다.

개인마다 모두 같지는 않다. 몇 가지 예를 들어보자. 우리는 글로벌 시대에 살고 있다. 이 시대에 쓰임을 받는 인물이 되기 위해서는 세계적인 공통어를 배우는 것은 필수다. 공통어인 영어를 더 배우고, 언제 어디서나 자유롭게 말하고 쓸 수 있도록 하면 나에게는 위력이 있는 대단한 무기가 된다. 모든 사람과의 자유스러운 소통은 무엇보다 중요한 첨단 무기다. 물론 쉽게 구글 앱에서 번역하여 얻을 수 있으나 노력과 훈련을 통하여 습득한 것과 앱에 의존하는 것은 대단한 차이가 있다. 노력 없이 쉽게 얻어지는 지식은 쉽게 소멸된다. 귀중한 열정과 노력, 시간이 소요되는 배움이기 때문에 나에게는 강력한 무기가 되고 자신감을 높여주는 보석과 같이 귀한 존재가 된다.

물론 정신적인 유연함도 필수 조건이 된다. 단시간에 이루어지는 것은 없다. 나의 생활 패턴으로 습관화하여 여러 각도에서 필요한 지식을 습득해야 한다. 남들이 쉴 때 나도 쉬고 놀면 얻는 소산은 아무것도 없다. 세상에 얻어지는 모든 것은 남다른 노력과 희생과 훈련이 필요하다. 무엇인가 분명하게 남과 분별된 노력이 수반되어야 한다. 이에 관련된 유명 운동선수들의 이야기는 너무나 많다. 다른 동료들이 쉴 때 저녁 늦게까지 혼자 남아서 연습하는 운동선수, 노력과 끈기의 유지, 주말에도 쉬지 않는 훈련과 노력의 결과가 뛰어나고 분별된 나를 만든다.

미국 프로야구 팀 엔젤스의 투수인 오타니 쇼헤이의 노력과 근면성은 누구나 인정하고 있다. 주말에 다른 선수들은 즐기고 있을 때, 그는 혼자서 훈련장에 나와 쉬지 않고 피칭 연습을 꾸준히 했다고 한다. 결과는 최고의 에이스 투수와 홈런 타자의 위치로 미국 프로야구계에서 가장 실력 있고 모든 팀이 그를 영입 1순위로 원하는 선수가 된 것이다. 그의 인성 또한 겸손하고 자신을 나타내지 않으며 타인에 대한 배려심이 깊은 선수로 이름이 나 있다.

이것이 바로 자신만의 강력한 나의 첨단 무기가 된다. 뛰어난 인물보다는 현 위치에서 내가 가지고 있는 모든 좋은 여건들을 동원시켜 나만의 지렛대로 삼아 더 성장시키는 것이다. 이들의 증거가 나에게는 도전이 되고 또한 삶의 시금석이 된다.

전문 분야뿐 아니라 취미도 살려 배우는 것, 나에게 큰 첨단 무기다. 쉽게 배울 수 있는 악기, 그림, 도예 등 수많은 분야가 있다. 또한 습득하고 싶은 운동, 무술 등 도전을 주는 운동도 있다. 마음만 있으면 그 자료는 SNS에서 쉽게 구할 수 있다. 경제적으로 많은 비용이 필요한 것도 아니다. 이것들이 힘든 상황에서 굳건하게 받쳐주는 큰 첨단 무기가 된다. 여기에는 절대적인 꾸준함이 필요하다. 조금씩 쌓이는 기술을 체험하고 그것을 즐기고 실행할 때 새로운 힘과 능력과 그리고 자신감이 발휘된다. 매일 조금씩 성장해가는 성취감을 느끼는 것은 매우 중요하다. 의식적으로 성취된 감정에 몰입하면 보람과 자신감이 동반된 확신이 찾아온다. 오늘은 어제보다 나아졌다는, 스스로에 대한 위안의 감정을 갖는 것이다. 매일매일의 일과를 적는 것은 중요한 성취감 향상에 지대한 도움이 된다. 매일이 성취감의 주도하에 이루어지면 나의 삶은 에너지 넘치는 활력의 삶이 된다.

인간의 정신과 육신은 정지되는 순간부터 작동이 느려지고 점점 퇴보되어간다. 새로운 지식을 쌓고 왕성하게 활동해야 가치 있고 목적이 있는 삶을 유지할 수가 있다. 이로 인하여 에너지 넘치고 역동하는 사회 분위기, 진보하는 사회, 건강하고 자신감 있는 사회를 만들 수 있다.

나의 단점들

많은 사람들은 무엇보다 자기의 장점이 무엇인가에 대하여 관심이 많다. 자신의 부족함에 예민한 것보다는 좋아하는 것, 잘하는 것에 더 관심을 둔다. 옆에서 충고를 하면 비난의 감정으로 받아들여 화 먼저 내고 마음의 문을 닫는다. 만물의 영장이라는 인간의 대표적인 고질병은 아픈 충고는 듣기 싫어하고 인정하려 들지 않는다는 점이다. 인기 정점에 있는 오페라 가수들의 공통된 특징은, 잘하는 것보다 고칠 점을 더 알기 원한다고 한다. 정상의 인기가 있는 이유다. 자신감 넘치는 자세라고 말할 수 있다. 물론 여러 번 같은 충고를 들으면 좌절할 수도 있다. 우리는 완성품이 아니다. 누구든지 계속해서 고쳐나가고 발전해나가는 것이다. 우리 각자에게는 형식적인 칭찬이 아닌 솔직한 충고의 의견이 더 값지고 이익이 된다. 또한 도전이 된다. 그리고 나에 대한 좋지 않은 가십에 예민하지 않고 의연하게 대처를 하며 혹 잘못되었으면 그것을 수용하고 고친다는 멘탈리티를 갖고 있어야 한다.

요사이 많은 젊은 층에서 인터넷의 악플로 인하여 마음에 상처를 받고 고생하며 심지어 자살하는 사람들이 있다. 사회가 건전하지 않을수록 주위와의 분쟁, 악성 가십, 폭력, 부정 등 정상이 아닌 행동들을 많이 하여 사회가 혼탁하다. 특히 SNS를 통하여 악성 루머를 퍼트리는 자들은 남을 괴롭히는 것을 통해 만족을 느끼는, 심리적인 병을 가진 중증 환자들이다. 다시 말하면 그들은 인생의 루저, 실패자들이다. 자신의 결점보다는 남의 결점에만 관심이 있어 그것을 통하여 대리 만족을 하는 것은 바로 자신들의 마음이 약하고, 결점과 콤플렉스가 많다는 증거다. 잘되는 사람을 시기하는 것은 자신감의 절대 부족에서 오는 결과다. 물론 오랫동안 안 좋은 댓글이 지속된다면 마음에 상처가 될 수도 있다. 대책은 댓글을 보지 않거나 무시하는 방법이다. 적극적인 대처 방법으로 그것에 대하여 별로 상처를 받지 않을 훈련이 필요하다. 이러한 인신공격에 의연하게 대하고, 당당하고 강하게 마음의 훈련을 쌓아야 상처를 받지 않는다. 이것이 자신감을 키워주는 훈련의 도구가 된다.

예기치 않은 구설수에 휘말릴 수가 있다. 또한 부당한 대우를 받을 수도 있다. 우리는 구설수와 모함에 의하여 심적으로 공격을 당한다. 자신감 형성에 필요한 장애물들, 이것도 극복을 하며 이겨야만 한다. 나의 실수라면 인정하고 사과하고 용서를 빌면 모두 '윈윈' 할 수가 있다. 그럼으로써 투명하고 밝은 사회가 이루어진다. 그러나 자주 이유를 대고 변명을 늘어놓는다. 자기 정당화를 주장한다. 솔직해지자. 무엇보다도 자신과의 관계는 솔직해야 한다고 본다. 고칠 점이 있다면 그대로 인정하고 고쳐야 한다. 여러 사람이 같은 충고를 한다면 솔직히 자신의 부족함을 인정하고 충고를 감사히 받아들여야 한다. 혼자 해결이 안 되면 전문가에게 도움을 청해야 한다. 여기에 나타나는 복병은 '변명'이라는 단어다. 변명과 이유는 발전과 미래를 가로막는, 철저히 제거되어야 할 기생충 같은 존재다. 실패하는 사람들과 범죄자들의 전유물이요, 주특기요, 남을 속이는 도구로 포장된 수법에 지나지 않는다. 변명은 또 다른 변명을 가져오고 결국은 자신을 올바로 못 보는 마음의 소경이 되는 것이다. 이것을 자주 하면 할

수록 우리 마음속에 있는 자신감은 소멸되고 만다. 결국은 자신을 속이는 결과의 연속이 되고 타성이 되어 잘못된 성격으로 변하며 결국 힘든 삶으로 남과 형편을 비난하는 불행이 다가오는 것이다. 결국은 진실하게 자신을 설명하지 못하고 허위 사실을 꾸며대어야 하기 때문이다. 사실이 아닌 것을 사실인 것처럼 왜곡되게 하는 것은 스스로 함정에 빠지는 행위이며 자신감에 큰 상처를 입게 된다. 변명은 단지 임기응변의 자기방어요, 자신의 불안함에서 오는 자구책이라고 본다. 실수를 언제까지 그냥 덮고 지나갈 수 없지 않는가? 진솔한 마음을 갖고 내 자신을 깨닫고 그대로 받아들이는 것이다. 처음에는 힘들 것이나 이것은 자신이 풀어야 하는 일생의 큰 숙제다.

누구든지 변명을 안 하는 사람은 없다. 스스로의 훈련으로 인하여 이것은 제거가 되고 후에 다른 장면이 앞에 펼쳐질 것이다. 고침에는 아픔이 있다. 약은 쓰다. 어떤 불편한 말도 인정하자. 상상하며 반복적으로 연습을 해보는 것이다. 다음에는 고쳐보겠다는 결심이 동반되어야 한다. 이것이 따라오지 않으면 쉽게 좌절하고 모든 것을 포

기하고 만다. 마음속에서 잡고 있는 자물쇠를 풀면 마음
이 홀가분해진다. 그 후에 변화된 다른 나를 발견하며 다
른 비난이라도 수용할 줄 아는 넉넉함이 생기며 더 큰 발
전을 향하여 매진할 수가 있다. 이것은 바로 자신감의 필
수 요건이 되며 온전한 인격의 완성을 이룰 수 있다. 내
자신이 그 위치에 있다고 가정하며 훈련해보자. 인생은 훈
련과 연습이다. 천천히 숨을 고르고 시작해보는 것이다.
시간의 여유를 갖고 한 발자국씩 조금씩 하는 연습은 곧
좋은 습관으로 자리 잡아 큰 결점도 정복할 수가 있다.

다양성의 포용

우리는 삶에서 수많은 사람과 만난다. 또한 헤어지고 새로운 사람을 만나는 것이 우리의 인생 여정이다. 어릴 적엔 옆집 소꿉친구에서 시작하여 초등학교에서 대학교에 이르면서 또한 직장과 사회에서 만나 친한 친구가 되고 동료가 되고 파트너가 된다. 그리고 평생의 배우자와 만나며 가정도 꾸린다. 친한 이웃이나 동료들과도 때가 되면 헤어지며 사는 패턴이다. 이렇듯 만남과 헤어짐의 연속이다. 서로 영향을 주고받으며 인생길이 바뀌며 가치관도 변하기 때문이다. 우리는 모두 생긴 모양이 같지 않다. 외모가 다양하다는 것은 각자 생각도 다르다는 뜻이다. 자라온 환경도 같지 않다. 세상에 수많은 언어와 종족이 있듯이 수없이 많은 다른 다양성이 있는 것이 인간 사회다. 이곳에서 우리는 관용과 포용이 필요하다. 여러 다양하게 생각하는 사람들이 모여서 큰 업적도 만들어내고 나름대로 다양한 색깔을 나타내는 것이다. 다양성의 포용은 우리에게 매우 중요한 역할을 한다.

작년 캘리포니아에 오랜만에 내린 충분한 비 덕분에 여

러 가지의 꽃들이 활짝 만개하여 근처의 산에는 화려하고 웅장한 아름다움이 장관을 이룬다. 평소에 보지 못했던 꽃들이 활짝 피어 비명을 지르듯 바람에 흔들리며 아름다움을 뽐낸다. 아침마다 앞에 있는 산에 자주 오르기 때문에 꽃에 대하여 많은 관심을 갖게 되었다. 특이한 것은 꽃들도 대부분 같은 것끼리 모여 피어 있고 한 군락을 이룬다는 점이다. 그러나 수많은 노란 꽃들이 유난히 무성하게 높게 자라는데 그 가운데 유독 파랑색의 꽃이 군데군데 가련히 얼굴을 내밀고 있다. 그리고 조금 옆에서 빨강색의 연약한 꽃이 피어 있다. 그 옆에는 흰색의 작고 낮은 꽃들이 피어 있어 너무나 아름다운 조화의 어울림이다. 비록 소수의 다른 색깔의 꽃들이 피었는데 어우러져 군계일학으로 더 돋보이는 것이다.

인간들은 자신과 생김새, 얼굴 색깔, 그리고 생각이 다르면 등을 돌린다. 같은 외모를 가지고 생각과 행동이 같을수록 그들은 같이 모이며 동료 의식을 느낀다. 물론 친근하니 거부감이 없을 것이다. 잠깐 멈추고 생각을 해보면 주위에 똑같은 부류가 늘 함께 있다면 우리의 삶은 어떠한가? 음식도 매일 똑같은 것만 먹으면 어떠할까? 매일 똑같은 일을 반복하면 어떠할까? 심각한 사람들만 주위에 있다면? 답은 메마른 사막의 삶이다.

우리는 다양성이 필요하다. 다양성이란 진실에 근거한 다양성이다. 우리 주위에도 마찬가지 이유로 나와 의견이 다르다고 생각이 다르다고 외면하고 따돌림을 하거나 나가서 증오와 멸시를 한다면 나의 삶은 이기적이고 포용성이 없고 폐쇄된 삶, 외로운 삶의 연속이 된다. 다양성은 삶의 촉매제요, 활력소가 된다. 자신감의 동기가 된다. 다양함은 나를 더 성장시키고 큰 곳에 있게 한다. 다양함은 외로움, 정신적 우울증을 예방한다. 우리 마음이 한곳에, 내가 원하는 곳에만 치우쳐 있다면 내 삶에서 변화는 있을 수가 없다. 어떠한 변화라도 오면 그것을 수용할 수 없는 지점에서 헤어나기가 불가능하다. 혼자서 외롭고 힘든 삶을 살 수밖에 없다. 얼마나 힘든 삶이 되겠는가? 우리는 모두 어우러져 멋진 삶의 작품을 만들어야 한다. 산에 제각기 다른 색깔의 꽃들이 어우러져 역동적이고 공존하며 멋진 작품을 만드는 것같이 아름다운 여러 형태로 어우러진 모자이크 작품같이 마음의 문을 열고 조그마한 것에 연연하지 않는 포용력이 필요하다. 만나는 사람마다 제각기 생각과 주장이 다른데 대화를 단절하고 등을 돌리면 수동적인 피해자의 삶이 된다.

　인생은 길지 않다. 인생은 여러 환경과 기회들을 거치며 지나간다. 삶이 다양해지고 있다. 세계가 1일권으로 들어와 빠른 속도로 변화되고 있다. 과거에 생각하지 못했던 여러 자료들이 보편화되어가고 있다. 나도 이것에 맞추어야 건강하고 행복한 삶이 된다. 생각의 반경을 넓혀 평소에 오해했던 사람들에게 손을 펼쳐보자. 포용해보자. 마음의 한 장애물이 제거되고 곧 자신감 넘치는 삶으로 변할 것이다.

달콤한 파이

세상에서 제일 잘 팔리는 것들 중에 1위는 달콤하고 식감이 있는 음식이다. 이것의 주 무기는 뇌의 중추신경을 마비시키는 힘이다. 한순간 우리 몸에 오는 해악은 모르는 그것에 취해버린다.

달콤한 설탕이 우리 인체에 가져다주는 악영향은 의료 분야에서 여러 번 지적하고 있다. 치아가 썩어 부실하게 되며 당뇨 혹은 인체의 여러 기관을 손상시키고 기능을 저하시킨다. 육신뿐 아니라 정신세계도 마찬가지로 악영향을 준다. 단맛으로 외관상 보이는 현실을 보면 다음과 같이 정리가 된다. 멋지게 보이는 포스트 모더니즘의 주장, 개인의 무조건 권리 주장, 무조건의 포용, 무조건 무상 원조 등이다. 그러나 인간들의 정신세계를 편하고 수고 없이 이루어지는 것으로 잘못 유도, 조장하고 유혹하는 어떠한 주장도 거부해야 한다. 현실과 동떨어진 유토피아의 상상 세계에서 펼치는 이상만 주장하고 있는 현실이다. 이처럼 삶에는 우리 마음에 달콤하게 유혹하는 함정이 이곳저곳에 널려 있다. 모든 일을 노력 없이 쉽게 혹은 무임승차하려는 폐단이다. 대표적인 것이 달콤하게 포장된 허구적인 공짜 공약이 난무하는 것이다. 쉽게 얻을 수 있는 일확천금이다. 내가 노력해서 얻는 것보다 편하게 얻는 것이다.

편한 것에 너무 익숙해지면 힘든 환경에서 살아남는 것은 쉽지 않다. 이것에 사회에 부정적으로 파생되는 것이 편법과 사기, 부정, 중상모략 등 범죄의 요소가 동반된다. 피라미드 사업, 허위 광고, 공짜 선물, 겉만 유혹하는 문구로 지름길만 찾는다. 어느 사회든 불법과 사기가 판치는 사회는 국민들이 달콤한 맛에 젖어 있다는 증거다. 힘든 일, 노력을 하지 않는다. 게을러지고 결국은 자멸의 길로 간다. 국가나 어느 사회도 마찬가지로 곧 나락으로 떨어지는 지름길이다. 삶은 공짜로 얻어지는 것이 하나도 없다.

철저한 노력이 수반되어야 좋은 결과를 얻을 수 있다. 부모들도 자식들의 앞길을 망치는 유일한 길은 모든 재산을 무조건 유산으로 자식에게 남겨놓는 일이다. 이들에게 먹이만 주어 결국 손발, 머리 다 묶어놓아 무능하고 게으른 자식이 된다. 예외는 있으나 인간의 본능은 편해지고 싶어 한다. 특히 정부에서 제공하는 달콤한 공짜 혜택이 너무나 많다. 코비드 바이러스에 대한 정부 시책으로 각 한 사람당 얼마씩의 보조금을 매달 생활비로 보내주었다. 일정 기간 받다 보니 타성이 생겨 많은 사람이 이직을 하고 집에서 지내는 삶이 많아졌다. 그 후유증으로 회사에서는 손길이 모자라 자연히 인건비가 치솟았다. 따르는 인플레 현상, 술과 마약의 남용이 부쩍 증가했고 돈이 부족하니 절도가 기승을 부리고 여러 범죄로 인한 사회 전반적 불안이 찾아왔다. 건전한 사회상과는 거리가 먼 사회가 됐다. 이러한 국가적인 부담은 후세에 도움이 아닌 빚과 고통으로 이어진다. 그 대가는 반드시 지불하여야 한다. 결국은 세금이라는 명목으로 국민의 피해의 몫이고 결국 나라 삶이 피폐해질 수밖에 없다. 세계적인 병처럼 퍼지고 있는 홈리스 문제도 책임을 면할 수 없다. 나락의 길로 떨어진 국가를 보면 모두 공짜에 길들여진 정부 정책 때문이다. 사회주의 혹은 공산 사회의 특성이다. 자신들의 잘못을 깨워주는 것보다 정당화시켜 평등한 것처럼 무상으로 보상해준다. 이런 혜택을 모두 받다 보면 자신이 마치 현명하게 사는 것처럼 자랑한다. '일하지 않으면 먹지도 말라'라는 성경의 구절처럼 게으름은 개인의 실수요, 그 결과를 받아들이고 책임을 지는 것이다. 인과응보의 결과에 대한 철저한 자신의 책임 의식이 필요하다. 심지어 평생 동안 노력 없이 빈둥거리며 주위에서 열심히 일하여 얻은 소득에 대하여 질투와 조롱까지 한다. 남에게 해악이 되는 불쌍한 인생이다. 악습으로 인한 후손의 대물림이 시작된다. 소위 처절한 불행스런 팔자의 시작이다. 정부의 돈을 노력 없이 축내는 기생충 같은 존재라고 할 수 있다. 하는 일 없이 게을러도 나라가 공짜로 먹여 살리고 범법을 행해도 평등과 포용이라는 허울 좋은 정책에 의하여 훈방 정도로 풀려나고 결국은 인간을 어렵고 좁은 틀에 가두고 손발을 못 쓰게 만드는 결과를 가져온다. 인간을 폐인으로 만들어가는 것이다. 게으르고 나태하면 굶어야 하고, 잘못을 저질렀으면 그 대가를 받아야 하는 것을 인간이 올바로 깨우쳐야 국가나 사회가 투명하고 건전하게 존재하는 것이다.

인간은 원래 완벽하게 창조되었다. 신의 가장 위대한

창조물이다. 또한 각자 위대한 능력과 다양한 재주를 각기 갖고 태어났다. 그러나 언젠가 달콤한 맛에 젖어 투쟁 의식, 호기심에 의한 탐구 의식, 성취감이 사라졌다. 이러한 능력과 재능이 무능력의 정신 앞에 소멸이 되고 있다. 그러나 최대의 희열과 진정한 달콤한 맛은 성취감에서 나온다. 온전한 노력과 훈련과 쟁취를 통해서 얻어지는 값지고 귀한 성과물이다.

우린 개미와 꿀벌에 대하여 많이 배운다. 열심히 쉬지 않고 그들의 각자 맡은 의무를 철저히 수행한다. 꿀벌은 각자 맡은 자체 분담이 있어 청소, 육아, 군사, 꿀 채집, 집 짓기 등 책임을 완벽히 수행한다. 개미도 자신의 분담 일을 맡고 꿀벌과 같은 명령 사회에서 일사불란하게 일한다. 인간과 흡사한 구조를 볼 수 있다. 이렇듯 번성과 발전을 이어가는, 모든 살아 있는 생물과 동물의 세계는 끊임없는 발전하려는 치열한 노력과 그 행동에서 나온다. 그 의식과 열정을 잃으면 자연히 도태되고 자멸될 수밖에 없다. 고대 시대에 살았던 동식물을 보면 엄청난 자연 변화에 따르는 결과에 대비하는 생존력을 잃었기에 멸종이 됐다.

인생에는 단 것도 많지만 쓴맛도 함께 맛보며 더 낮은 사회를 만들며 같이 공존하는 것이다. 세상에서 인간이 바라는 진정한 유토피아는 존재하지 않는다. 오늘날처럼 아침저녁 변하는 모든 주위 환경에 대처하는 방법은 달콤한 파이의 보금자리에서 담대하게 박차고 나와 내 자신과 미지의 분야에 과감히 도전하는 강력한 변화의 멘탈리티가 필요하다. 확고한 자아의식, 책임의식의 확립이 그 무엇보다 중요하다.

담대함의 중요성

Make voyages! Attempt them! There's Nothing else!

인생의 항해를 하라! 모험을 준비하라! 그 외에 할 일이 무엇이
있겠는가!

- Tennesse Williams(테네시 윌리엄스), 극작가

담대함은 삶에서 필수적인 요소다. 매일 하루의 일과
가 크고 작은 모험들로 이루어지기 때문에 담대함이 없으
면 자신감은 소멸되고 만다. 나의 정체성을 알고 사명과
책임을 발견했을 때에 완성된 담대함과 용기가 생긴다. 삶
의 가치와 방향과 목적이 있을 때 강한 용기와 담대함이
생긴다. 목적을 향하여 쟁취하는 끊임없는 노력과 훈련에
서, 또한 인내와 기다림에서 담대함은 나온다. 이것은 온
전한 훈련이요, 이것에 의한 열매를 통하여 담대함은 얻어
진다. 담대함의 근원은 실패에서 얻는다. 또한 나의 부족
한 핸디캡에서 혹은 주위의 열악한 환경에서 얻어진다. 그
것들을 극복하기 위한 부단한 노력을 했을 때 얻어진다.

저명한 과학자, 예술가, 음악가 등 위대한 인물들의 공
통점은 거의 모두 신체적 그리고 정신적 핸디캡이 있고 정

상인이 아니라는 사실이다. 핸디캡으로 이룬 큰 업적들이다. 공통점은 그들이 치명적인 핸디캡을 담대함과 부단한 노력으로 이겼다는 점이다. 대표적인 인물은 발명왕인 토마스 에디슨이다. 그는 성격이 산만하고 엉뚱하며 저능아로 낙인이 되어 학교 정규교육도 단지 3개월밖에 받지 못하였다고 한다. 교사 출신의 어머니로부터 집에서 홈스쿨링 형식으로 교육을 받은 그에게는 무엇이든지 할 수 있다는 어머니의 격려가 큰 힘이 됐다고 한다. 산만하고 실패자, 저능아라는 브랜드가 그를 위대한 발명왕의 위치로 만들어 놓았다. 그는 직원과 팀 동료들에게 실패에 대한 질책보다는 실패를 더 장려한 일화로 유명하다. 실패 자체보다는 그 것을 통하여 더 발전할 수 있는 것에 역점을 두었고 두려움이 없는 문화를 만들었다. 헬렌 켈러는 소경이요, 듣지 못하는 신체 조건이 있다. 베토벤은 천재적인 작곡가지만 듣지 못하는 청각장애인이다. 작곡가가 청각장애인이란 말은 청천벽력의 암흑 세계에서 상상조차 안 되는 상황이다. 그러나 그들의 신체적인 결함이 그들을 담대하게 하고 열정과 용기 있는 집념이 위대한 성공의 인물로 만들었다.

역대의 유명한 인물들 모두는 이러한 중증의 장애를 갖고 있다. 마찬가지로 우리 모두는 신체적으로나 정신적으로 크고 작은 장애자들이다. 다시 말하자면 우리 모두는 역경을 이기고 승리할 수 있는 자질들을 갖고 있다. 이것을 적극적으로 사용해야만 위대한 능력이 나온다. 이것이 바탕이 되는 조그만 성취에서 오는 자신감, 용기들이 모여 큰 산을 움직일 수 있는 담대함으로 이어진다. 높은 산을 넘는 것과 강물을 건너는 모험으로 담대함은 시작이 된다. 주위 환경에 산재해 있는 문제들을 무사히 통과함으로 용기와 담대함은 쌓인다. 우리의 장애 요소들을 과감하게 극복하는 행동을 통하여 귀하고 값진 숨은 능력이 나온다. 내가 이겨야 할 핸디캡은 무엇인가, 이것들을 어떻게 극복할 수 있을까 고민하며 해결책을 얻기 위해 고군분투하는 싸움에서 담대함이 잉태되고 자신을 이기며 세상도 이길 수 있는 담대함이 생긴다. 역경이라는 장애물 앞에서 생존하려는 서바이벌 게임에서 귀한 자신감이 태어나는 것이다.

예를 들면 우리나라 국민의 특유한 DNA가 장애물과

역경을 이기는 담대한 인파이터 기질이다. 사면이 바다요, 주위에는 강대한 적국들로 둘러싸여 있는 불리한 여건이다. 항상 그들의 위협과 공격에 항상 불안해하고 있다. 이렇한 지리적인 위협적 환경에서 살아남기 위하여 자구책은 담대한 모험을 통한 강력한 방어 구축을 만들어야 한다. 역사적으로 우리나라는 외세의 침공이 무수히 많았다. 공격보다는 침략당하는 위치였다. 그러나 현재의 위치는 180도 변화되고 있음을 본다. 위치적으로 절대적인 핸디캡의 위치에 있던 강대국의 위협과 북한의 핵 도발 등 생존과 방어 수단으로 꾸준히 무기들을 개발하고 생산해왔다. 그 결과 국지전에 탁월한 효과가 있는 여러 무기들이 여러 나라에서 최고의 인기를 얻고 있다. 전차와 단거리 대포, 전투기 등이다. 6·25의 쓰라린 전쟁에서 폐허가 된 나라가 이렇게 될 줄은 생각지 못했다. 아직 불안의 요소들은 이곳저곳에 숨어 있어 최고로 성능 좋은 무기의 개발과 노력, 그리고 연구가 절대 필요하다고 본다. 최근 들어 세계 여러 나라에서 경쟁하듯 구입 사절단을 파견하고 있다. 용기와 담대함과 개척 정신과 피나는 노력의 결과다.

같은 원리의 눈으로 나를 보자. 나의 삶은 어떠한가? 나의 문제, 환경을 어떤 눈으로 보는가? 문제들로만 보는가? 넓은 안목과 긍정적인 마음의 태도가 관건이다. 유대 민족이 가나안 정복을 향하여 요단강을 건너 여러 이방 민족과 피나는 싸움을 통하여 결국은 젖과 꿀이 흐르는 가나안 땅에 정착하게 됐다. 하나님이 주신 약속의 말씀, 특히 반복 강조하여 "강하라 담대하라 그들은 너희 손에 붙어 있다"라는 강한 메시지가 결국 그들을 살릴 수 있었다. 아무리 새 문명의 삶의 편한 도구들이 발명되더라도 인생은 자기의 노력의 결과다. 담대함과 모험이 필요하다. 내 스스로 개척해서 길을 닦고 그곳에 터를 만들어 무엇인가 세워야 한다. 호랑이를 잡으려면 그들의 굴속으로 들어가야 한다. 수많은 탐험가, 개척자들의 투지와 지혜와 쟁취의 노력이 없었으면 우리는 이런 편한 생활을 즐기지 못했을 것이다. 후손을 위하여, 또한 살 만한 세상을 만들어놓기 위하여 모험과 담대함은 꾸준히 계속되어야 한다. 이곳에 내 삶의 해답이 있고 길이 있다.

만능열쇠 자신감

I have not failed. I've just found 10,000 ways that won't work.

나는 실패를 해본 적이 없다. 다만 효과 없는 10,000가지를 찾았을 뿐이다.

- Thomas Edison(토마스 에디슨)

필자는 일곱 형제 중에서 제일 막내로 태어나서 성격이 소심하고 부끄러움이 많은 편이었다. 집에 손님이 오면 방에서 나오지 않고 갈 때까지 기다릴 정도였고 낯선 사람들과 접촉하기를 싫어했다. 또한 대학 시절에 허리를 심하게 다쳐 제대로 움직이지 못하는 어려움이 오랫동안 있었다. 학교 수업에 큰 지장을 받았다. 나의 이러한 불편한 핸디캡에도 불구하고 코리아 헤럴드 영자 신문사 주최 영어 웅변대회에 도전을 하였다. 남 앞에서 이야기하기를 수줍어하고 내성적인 성격을 가지고 특히 영어로 하는 웅변대회 참가는 참으로 대단한 도전과 용기였다. 설상가상 통증으로 인해 서는 것조차 힘든 상황에서 육신적으로 버티기는 무척 힘든 상태였다. 통증이 하도 심해 몇 분만 서 있어도 허리와 다리가 마비되고 항상 칼로 베는 아픔이 수시로 공격

했다. 영어 웅변대회의 과정은 원고 준비, 심사, 원문 번역, 발음 교정, 암기, 정확한 내용 전달 등 많은 단계의 준비와 노력과 시간이 필요한 장기적인 큰 프로젝트다. 다른 시합과 같이 예선을 통과해야 본선에 진출할 수 있다. 특히 영어로 전달하는 대회라 시간과 노력이 몇 배는 더 소요된다. 물론 원고를 다 외워야 하고 정확한 전달 능력을 키워야 한다. 통증이 심하면 원고조차 기억이 나지 않기 일쑤다. 준비 과정에서 매일 수개월간 불편한 몸으로 앞산에 아침 일찍 올라가 연습했고 겨울에는 살을 에는 듯한 추위와 철저한 자신과의 싸움이었다. 틈만 있으면 학교의 강당이나 혹은 근처 교회에서 준비했다. 앞에 놓인 빈 의자들을 보며 실제로 청중을 보고 하는 것처럼 상상을 하며 용기와 담대함을 키웠다. 주제는 아침에 TV로 방영되는 여러 연속극의 남에 대한 가십, 중상모략, 가치 없는 소재에 대한 심리적으로 심각한 악영향을 주는 공해로 본 주제였다. 이러한 각고의 노력 끝에 결과는 속한 부서에서 특등을 했다. 삼부요인의 하나인 국회의장상이 주어졌다.

다음 해에도 전체 특등인 대통령상을 목표로 재도전하

였다. 주제는 공해의 위험성에 대한 주제였다. 당시 경제 개발에 최대 역점을 둔 정부의 노력에 외국과의 교역이 갑자기 많아져 많은 공장이 세워지고 그곳에서 나오는 공해의 심각성에 관한 주제다. 대회 결과는 예상과는 달리 작년보다 한 단계 아래인 문공부 장관상이었다. 실망이 컸지만 다음 해에 다시 대통령상에 도전을 하려고 시도를 했는데 예기치 않은 미국 이주 수속으로 안타깝게 대회 참가의 기회를 접고 말았다. 무척이나 아쉬운 결정이었다. 생각해보면 '적은 내 안에 있다'라는 생각으로 나 자신과 치열한 싸움을 벌이는 과정이었다. 또한 일생을 통하여 오랫동안 간직될 수 있는, 잊을 수 없는 귀중한 모험을 통한 경험과 배움이었다. 그 결과로 무엇보다 '할 수 있다'라는 담대함과 용기가 주어졌다. 이것은 나에게 귀한 삶의 바탕이 되었다.

담대하게 키워줄 요건은 각자 모두에게 있다. 삶의 여정에는 예기치 않은 수많은 장애물들이 앞길을 가로막는다. 장애물이 크든 작든 간에 우리의 삶은 싸우며 나가는 삶이다. 용기와 담대함은 필수다. 나의 장점, 강한 점을 스크랩을 해놓거나 파일을 만들어놓고 이것을 정기적으로 보는 습관이다. 특히 나에게 한 칭찬의 말들, 즉 이메일, 문자메시지 혹은 여러 자료들을 만들어놓는다. 특히 힘들고 지칠 때 다시 보면 큰 힘으로 응원군이 되어준다. 이러한 것들은 세상을 바로 보는 능력을 키워주며 담대함과 자신감을 얻는 일등공신의 역할을 한다.

내가 원하는 것만 주위에 있으면 무슨 걱정이 있는가? 문제가 없는 삶이라면 우리의 삶의 질, 주위 환경은 어떻게 되는지 노력도 필요 없고 모험 그리고 도전도 필요 없는 것이다. 호기심도 동기부여도 없고 역동적인 힘도 없고 노력할 동기가 없어진다. 요사이 미국이나 선진국에서 권장, 장려하고 국가의 시책으로 강력히 주장하는 것 중에 평등, 인권, 포용이라는 말이 있다. 물론 당연히 올바른 이야기다. 또한 인간 사회에서 매우 중요한 요소들이다. 그러나 그 내용을 자세히 보면 그냥 편한 대로 게으르게 살아도 된다는 의미가 포함되어 있다. 결국 인간을 무능하게 만들어가는 것이다. 인간은 태어날 때 무한한 능력을 가지고 나왔다. 우리에게는 이것을 계발하고 발전시키고 온 인류에 기여해야 하는 의무가 있다. 맡은 책임에 최선을 다하고 최대의 노력과 훈련을 기울어야 하는 것이다. 배운 것을 포기하고 근면하지 않으면 인생은 나락으로 떨어지게 되어 있다. 이것이 인간 사회다. 범죄를 저질러도, 게으른 생활을 해도 인권과 평등, 포용이라는 단어로 정당화하려는 정책의 분위기다. 모두 포용해야 된다는 이야기다. 그러나 인간은 편할수록 더욱 나태하고 게을러지고 미래를 보는 눈이 소멸된다. 당연히 범죄가 많아지고 성공한 사람들을 질투하고 자기들과 같은 수준으로 끌어내리는 것이다. 서로 모두 물귀신같이 실패자의 위치로 변한다.

용기 있는 모험가, 도전하고 나의 한계를 넘어서 쟁취한 성공자에게는 적극 더 권장을 하고 알려 모두 도전을 하는 삶이어야 한다. 그들에게는 당연히 보상이 따른다. 우리 모두는 모험의 삶이 필요하다. 세상에서 담대함과 용기는 옵션이 아닌 필수적인 요인이다. 현재 안주하는 보금자리에서 박차고 나와야 한다. 나의 주위에 포진하고 있는 여러 장애물들을 담대히 제거해야만 한다. 매일 급속히 변화되는 세상에서 생존 하는 유일한 방법이다. 인생은 이러한 도전과 장애물들에 의하여 가치 있고, 살 만한 세상을 이루게 된다. 인생은 실패도, 핸디캡도 나의 현재의 환경도, 어떠한 방해물도 함께 품고 동행하며 가는 것이다. 이것들이 어우러져 삶을 윤택하게, 또한 흥미진진하게 역동의 변화를 준다. 결국 이것들을 잘 이용하면 나의 충실한 아군이 된다. 할 수 있는 것부터 실행해보는 것이다. 담대함과 믿음을 갖고 자신 있게 시작하자. 언급했듯이 우리는 각자 하나님으로부터 탁월한 능력을 갖고 태어났다. '나는 지구상 오직 현재 하나밖에 없는 유일한 귀한 존재다.' 이 말의 뜻은 '나에게는 세상에 쓰임을 받는 귀한 목적이 있다'라는 중요한 의미가 있다. 나는 이미 수행할 수 있는 모든 능력을 부여받았다. 이 중대한 사명을 마음속으로 끊임없이 재확신하고 재확인한다. 우리의 삶의 목적은 이것을 찾아내고 계발하고 완성시켜 사회와 인류를 위하여 하나님이 원하시는 목적에 쓰임받고 기여를 하는 것이다. 각자 모두가 멋진 최고의 걸작품들이기 때문이다. 어느 날 왔다가 이름 없이 떠나는 하찮고 쓸모없는 존재들이 아니다.

동물은 가죽을 남긴다고 하는데 우리 모두는 후세에 훌륭한 흔적들을 남겨야 한다. 나의 본체와 정체성의 발견, 삶의 목적을 알고 나면 담대성, 자신감은 저절로 탄생이 된다. 우리는 믿음, 담대함, 용기, 능력 등 위대한 잠재력을 가지고 태어났다. 인간이 이루어놓은 발자취는 대단한 능력이다. 귀중한 정체성은 다만 묻혀 있을 뿐 밖으로 알리는 것은 나만이 할 수 있다. 이렇듯 나를 아는 작업은 매우 대단히 중요한 과제다. 평생 과제가 될 수도 있다. 그러나 꾸준히 구하면 응답을 받는다. 우린 생긴 대로, 태어난 지점에서 남과 비교하지도 말고 나에게 주어진 주위 환경과 자신만의 특성을 계발하고 발전시켜야 한다. 자기와 담대한 모험의 시작이다. 이것은 삶의 옵션이 아니라 필수인 것이다.

I figured that if I said it enough, I would convince the world that I really was the greatest.

내가 가장 뛰어난 사람이라고 자신 있게 말하면 세상 사람들이 그렇게 믿을 것이라고 생각했다.

- Muhammad Ali(무하메드 알리), *Boxing Champion*(권투 챔피언)

당당함

서양과 동양의 차이는 우선 현저한 문화적, 생각의 차이가 있음을 본다. 동양의 풍습은 유교사상에 접하여 겸손하고 조용하고 밖으로 자신들의 의견을 솔직하게 표현하지 않거나 조심스럽게 일부만 표현한다. 다수 그룹의 의견에 따라야 한다. 가급적 자신의 의사보다도 사회의 전통적으로 짜여진 프레임, 편견에 의하여 움직인다. 어떤 면에서는 겸손하고 예의 바르지만 수동적인 면이 많다. 자신의 의견을 적극적으로 표현하는 것에 매우 부족하다. 스스로 창조하는 능력이 약하다.

반면에 서양의 그것은 외부에 더 적극적으로 자기 주장을 솔직하게 표현하고, 외향적이고 현실을 인정하고 능동적인 해결 위주, 그리고 미래지향적이고 창조적인 부분이 많다. 한편으로는 교만하게 보여질 수도 있다. 나름대로 장단점을 내포하고 있다.

그러나 한 가지 중요한 사실은 능동적인 것, 그리고 미래지향의 생각은 자신감의 축적에 매우 중요한 요소라는 점이다. 자신감에서 자연히 나오는 당당함은 미래지향적

만능열쇠 자신감

인 생각이고 행동하는 마인드이며 어려운 상황하에서 현실을 그대로 받아들이는 연습과 훈련이다. 자신감의 중요한 기본 요소다.

'기죽지 말자, 기가 살아야 한다.' 많이 듣던 말이다. 많은 사람들이 잘못 받아들여 무엇이든지 남에게 잘 보이려고 겉으로만 잘 포장하는 것으로 와전이 됐다. '기'는 매우 중요하다. 자신감의 필수적인 부분이다. 이것은 에너지 혹은 훈련된 강한 정신 등으로 표현할 수 있다. 어느 상황이든지 이것이 없으면 살아가기 어렵다.

삶에서 예기치 않은 상황은 누구든지 마주친다. 기가 살아 있는 것은 한마디로 축적된 자신만의 소신을 외적으로 잘 표현하는 것이다. 목소리 크고 언변이 유창하고 외모가 잘생겨서가 아니다. 겉모양의 고급스런 치장이 아니다. 혹은 교만스럽게 설치는 것은 더더욱 아니다. 외모의 생김새보다는 사람에서 나오는 그들만의 쌓아온 내공이라고 할 수 있다. 진정한 깊은 내공은 실력을 쌓는 훈련과 그것을 성취하려는 행동이다. 근본 요소로 배우는 자세가 필수적이다. 배우는 것에서 당당함이 배어나온다. 자신이 부족하다고 생각하기 때문이다. 노하우가 축적되어 있다. 배움에는 순수함이 배어 있다. 미지의 세계에 대한 동경, 그리고 알고자 하는 갈급함이다. 이것이 나를 담대하게 만든다. 성경에서 이스라엘 민족이 약속된 젖과 꿀이 흐르는 가나안 땅을 점령할 때 하나님은 담대하라, 당당하라, 두려워 말라는 채찍의 명령을 수없이 내린 것을 볼 수 있다.

실패에서 역전하는 경험을 쌓아야 한다. 문제를 문제로 보는 것이 아니라 성장의 도구로 보는 마음의 안목이다. 마음을 강하게 다지는 훈련이다. 이러한 훈련과 연습이 마음에 배어 있어야 한다. 자신의 고유 가치, 나만의 귀한 정체성을 잊지 않는다. 배움이 없는 당당함은 오래가지 못한다. 스스로 부족함을 느끼며 어려운 환경에서 다시 도약하는 자신과의 싸움과 인내, 진실된 겸손함이 있기 때문이다. 당당함은 도움이 필요한 이웃에게 과감히 도움을 베푸는 마음이다. 사회의 약자를 위한, 그리고 이웃을 돕는 손길, 남에 대한 배려 역시 필수적인 요건이다.

당당함이란 나를 겉으로 과시하는 것이 아닌, 사회에

필요한 곳과 소외되고 약한 곳에 도움을 주는 정신이 포함되어 있다. 이것들이 종합적으로 자연스럽게 밖으로 나타난다. 이러한 요인들이 합쳐져서 내공이 깊게 쌓인다. 소위 말하는 '기'의 필수 요인들이다. 이러한 훈련과 핵심이 없는 겉으로의 자랑, 그리고 과시는 단지 교만함, 헛된 공언 등 그 이상도 이하도 아니다.

자신의 실패에서 일어난 경험을 바탕으로 도약하는 정신이 필요하다. 겸손하게 현실을 있는 그대로 받아들이고 역경을 뚫고 나가는 매우 현실적인 면이 있다. 실패를 수치스럽게 생각하지 않는다. 솔직하게 자신의 약점을 표현한다. 실패는 모두 다 경험하는 삶의 소중한 부분이다. 팔자나 신세를 한탄하지 않는다. 그대로 수용하고 극복하며 나갈 길을 찾는다. 그러나 나의 옳은 의견은 끝까지 주장하는 것이다. 불의와 타협하지 않는다.

미래지향적이다. 걸림돌을 방해물로 생각하지 않는다. 오히려 그것을 디딤돌로 여긴다. 도약의 받침대로 사용하기 때문이다. 태어나기를 성격적으로 낙천적인 사람들이 있다. 그러나 밑받침이 없는 자기 위주의 낙천적인 것은 오래가지 못한다. 온전한 당당함은 확신된, 그리고 에너지 넘치는 말의 억양, 표정에서 또한 몸의 자세도 무엇인가 자연스럽게 자리 잡는다. 억지로 짜맞춘, 잘못된 일시적인 감정으로 인한 외적 표현이 아니다. '내공', '기', '당당함'은 온전한 마음의 훈련과 행동을 통하여 평소 생활 습관으로 잡으며 이것은 소중한 나의 큰 자산이 된다.

도움의 즐거움

No person was ever honored for what is received.
Honor has been the reward for what he gave.
어느 누구도 자신이 받은 것으로 인해 존경받지 않는다. 존경은
자신이 베푼 것에 대한 보답이다.

- Calvin Coolidge(켈빈 쿨리지)

약자에게 도움의 손길을 베푸는 것, 인간의 제1순위의 숭고하고 가치 있는 행위다. 돕는 손길과 봉사가 많으면 많을수록 사회가 밝고 범죄가 적고 지상의 유토피아를 이룬다. 인간이 생각할 수 있는 가장 순수하고 이기심 없는 행위는 바로 약한 이웃과 사회에서 필요한 곳에 도움의 손길을 내미는 것이다. 이웃에 대한 도움이 클수록 우리는 그들을 강한 자, 선진국이라고 부른다. 반대로 대부분의 영세한 국가는 받는 것을 최우선으로 생각한다. 그들의 특징은 무조건 받으려는 거지 근성이다. 거지들이 복을 받을 수 있는가? 인간은 본래 공짜로 받기만을 원한다. 그러나 도움은 베풀수록 축복이 오고 보람을 느끼며 자신에게는 강력한 자신감을 선물로 받는다. 그러나 받기만

하는 나라 국민을 보면 사회적 궁핍과 문제들이 끊이질 않는다. 미국이 그 대표적인 증거라고 본다. 재난에 처했을 때 제일 먼저 도움의 손길을 베푸는 국가 역시 미국이 아닌가 생각한다. '복은 복을 불러온다'라는 말에 따라 세계에서 제일 부강한 나라이고 하나님의 축복을 받은 나라임에 틀림이 없다. 물론 요사이 미국 내 정치와 경제 사정이 예전 같지 않고 사회가 많이 혼돈스러운 면도 있으나 고아를 제일 많이 입양하는 나라, 원조를 제일 많이 베푸는 나라, 외국 이민을 제일 많이 받아들이는 나라다. 사회의 혜택이 많이 주어지는 나라 등 수많은 수식어가 모두 돕는 동기에서 이루어지는 국가 정책들이다. 요사이는 너무나 많은 불법 이민자를 허용해 무상으로 많은 세금이 지출되기에 사회적으로 큰 부작용을 초래하고 있다. 이와는 달리 인간의 공통 관심은 공짜로 얻는 것과 남의 도움을 받는 이기적인 것에만 초점이 맞추어져 있음을 본다. 우리나라 고아 수출국 세계 1위라는 오명을 씻을 때가 됐는데 아직 많은 숫자를 외국 가정에 입양시키고 있다. 원조를 받았던 우리나라도 가난한 나라에 많은 구호물자를 보내고 국내로는 독거노인들과 고아들을 돕는 자원자들도 많이 나와 더 밝은 사회가 되기를 기대한다.

받기만 하는 나라와 개인들의 생활을 보면 항상 배고프고 가난하다는 것이 특징이다. 부모들에게 받는 것에 익숙한 자녀들은 부모들이 공짜로 누리는 생활이 당연하게 똑같이 반복되는 줄 알고 그대로 따라가는 거지 습성을 가지고 있다. 대대로 이어지는 함정인 가난함이다. 잘못된 가르침이다. 베푸는 것을 못 받고 교육도 받지 못한 이유다. 결과로 후손 대대로 가난과 찌든 고생에서 헤어나질 못한다. 그것이 타성이 되고 습관이 되고 결국은 나라의 국민성으로 고착된다. 반면에 도움을 베푸는 국가나 개인은 풍성하고 감사와 기쁨과 축복이 넘쳐남을 본다. 물론 여유가 있어서 도움을 베푼다고 하나 반드시 그런 것만은 아니다. 능력과 자신감은 베푸는 손길을 베푼 보람, 의미, 감사에서 나타나며 그에 따르는 축복과 보상은 그 이상으로 돌아온다. 물론 보상을 받으려는 이유가 동기가 되어서는 안 되지만 진정한 의미는 밖에서 나의 소유로 끌어들이는 것이 아니라 내 안에서 밖으로 베푸는 원리다. 금전뿐 아니라 기술, 지혜, 나만이 가지고 있는 귀한 노하우 등이다. 독보적인 기술을 갖고 있는 어느 장인은 세상 떠날 때 나눔 없이 허무하게, 가치 없이 세상을 등지는 것을 보았다. 대단히 이기적이요, 교만함의 종착지다. 허무한 인생이 된 것이다. 베풂에 의하여 나타나는 몇 가지 긍정적인 도전의 특징들을 알아보자.

첫째는 베풂으로 진정한 기쁨을 맛본다. 필자도 십여 년간 마약 퇴치 선교기관인 선교회에서 봉사로 음식을 만들어주었고 그곳에 수용된 사람들을 위해서 수년간 자신감에 관한 세미나도 한 적이 있다. 그곳에서의 경험은 평소에 느끼지 못했던 다른 차원의 진실된 보람이고 순수한 기쁨이다. 평범한 세상일에서 찾아오는 기쁨보다 마음 깊은 데에서 나오는 순수한 기쁨 그 자체였다. 소외되고 천대받는 그들을 향한 따뜻한 사랑의 손길이 그들의 마음을 감동시키며 그들의 어둡고 둔탁한 마음을 활짝 여는 것이다.

두 번째는 받기만 했던 나 자신도 남을 도와줄 수 있다는 보람을 배웠다. 평소 나에게도 남을 도와줄 수 있는 능력이 있는가? 하는 질문에 늘 회의적이고 부정적인 생각이었다. 그러나 어느 날 그들을 올바른 길로 선도하며 무엇인가 가르쳐주고 싶다는 마음이 들었다. 도움의 손길을 베풀고 싶은 마음이었다.

세 번째는 무엇보다 가치 있는 사회의 환원이라는 생활을 체험하였다. 인생의 가치를 재평가하는 귀중한 시간들이었다. 사람은 언젠가 살던 세상을 떠나는데 이제까지 나와 내 가족만을 위하여 살았는데 진정한 인생의 가치는 무엇인가 하는 회의가 들었다. 주위에 도움이 필요한 사람들에게 자그만 손길을 내미는 것은 우리의 의무라고 생각하기 때문이다. 특히 하나님을 믿는 자로서 주신 사명에 동참하고 싶은 마음이었다.

네 번째는 이러한 봉사로 인하여 도움을 준다는 것은 나에게 무엇보다 귀중한 자신감으로 돌아왔다. 나도 도울 수 있는 능력이 있다, 혹은 나도 무엇인가 할 수 있다, 나도 쓸모가 있는 이로운 존재라는 것을 알게 되었다. 나 자신에 대한 긍정적인 재평가다. 이것이 얼마나 큰 자신감인가! 나도 과거에는 받는 위치에서 도움을 줄 수 있는 존재가 됐다는 것은 축복이 아닐 수 없다. 인도받는 입장에서 세상 문을 열고 길을 닦아주며 안내하는 위치로 바뀐 것이다. 누군가가 부탁이라도 하면 나의 반응은 "그런 것 할 줄 모릅니다" 혹은 "글쎄요"가 답이었다. 대단히 소극적이며 부정적인 답변이었다. 내 자신도 남들의 도움에 익숙해져서 자신이 솔선수범 나선다는 것은 엄두조차 나지 않았다. 이렇듯 도움은 또 다른 도움을 만들고 그 결과 자신감이라는 대단한 힘이 되어 찾아온다. 이러한 기억은 평생 마음에 진한 감동으로 남으며 또 다른 봉사할 일을 찾게 한다.

주위에 보면 도움의 손길을 기다리는 사람들이 많다. 주위에 아픈 사람이 있으면 도와줄 것이 무엇인가? 음식도 만들어주며 집 청소, 정원 청소도 할 수 있다. 평범하고 사소한, 작은 도움의 손길이다. 병약자나 노인들이 주차장에서 무거운 물건을 차에 실으려 할 때에 도움을 제공한다. 노숙자들에게 봉사하는 것, 도움이 필요한 고아원, 노약자들을 보고 도움의 손길을 베풀어보자. 주위의 환자에게 따뜻한 음식을 만들어주는 것이다. 모두 사소한 것들에서 시작한다.

도움의 베풂에는 공짜가 없다. 위에 계신 분이 기억해

주고 보상을 해준다. 내가 베풀었던 도움들을 기억하고 노트에 적어보라. 그 당시 상황을 기억하고 도움 받는 사람들의 기쁨을 나도 느껴보는 것이다. '나도 할 수 있다'라는 확신과 희열이 마음 깊이 찾아온다. 이러한 경험과 행동들이 모이면 사회는 더 밝아지고 풍요스럽게 되고 욕심과 이기심이 없는 건전한 사회가 이루어질 것이다. 작은 도움을 생활화해보는 것이다. 자신감이 내 마음에서 떠나질 않을 것이다. 가치 있고 보람된 나의 삶을 느낄 수 있다. 생활에 활력과 기쁨이 없다면 내가 언제 남들에게 봉사했는지 자문하는 시간이 필요하다. 갖고 있는 재산을 자손에게 모두 물려주는 것보다 귀한 재주나 기술이 있으면 사회에 기증하고 환원해야 한다고 생각한다. 후세에 이러한 도움의 손길 없이 세상을 떠난다면 얼마나 나만을 위한 이기적이고 허무한 삶인가 생각한다. 결국 자식들이 게을러지게 만드는 지름길이다. 우리는 언젠가 모두 빈손으로 와서 빈손으로 떠나는 인생이다. 아무리 귀한 것이라도 갖고 가는 것은 하나도 없다. 세상은 점점 이기심과 탐욕으로 인하여 분쟁이 끊일 날이 없다. 점점 살기가 어렵게 되어가고 있

만능열쇠 자신감

다. 이러한 사소한 도움들로 인하여 사회가 변하면 범죄도 분쟁도 없고 서로 돕는 밝은 세상이 될 것이다.

나의 삶이 무료하다, 기쁨이 없다, 외롭다고 생각이 든다면 손길이 필요한 곳을 찾아보자. 맨손으로 마음이 움직이는 곳에서 시작하면 된다. 삶의 활력소가 되며 무기력을 이기는 정신적인 치료제, 활력제가 된다. 삶에 기쁨과 진정한 가치를 발견할 것이다. 특히 외롭다는 생각에 효과적인 치료제가 될 것이다.

몇 년 전 아들과 함께 금요일 점심시간에 집 근처 자동차로 주문하는 인앤아웃 햄버거 가게에서, 앞에 있는 차에서 뒤에 있는 나의 음식값을 지불하겠다고 한다. 주문 받는 직원이 나도 뒤에 오는 손님의 음식값을 내겠냐고 물어봐 물론 지불하겠다고 당연하게 응답했다. 계속하여 그다음으로 이어가는 음식값 지불이 계속되는 훈훈한 마음이 옮겨 전파되어 가는 리플 현상이다. 진정 아름다운 모습이다. 세상에 인심은 아직 살아 있다는 훈훈한 마음이 가슴속에 오랫동안 남아 있다. 이러한 움직임은 몇 년 전 스타벅스 커피숍에서 시작이 됐다. 한 음식점에서 돈이 부족하여 지불하지 못해 당황해하는 사람을 위해 옆 손님이 선뜻 내주는 것을 보았을 때 진한 감동이 또한 오래 마음속에 남는다.

돕는 사람들은 계속하여 돕는 손길을 보낸다. 그곳에 진실과 능력, 기쁨이 있기 때문이다. 도움의 손길에 대하여 좀 더 예민하게 또한 진지하게 생각해보자. 이웃에게 친절을 베푸는것은 인간의 특권이요 축복이요 어두운 세상에 등불을 비추는 빛의 역할이다. 도움은 인간이 할 수 있는 숭고한 행위요, 이웃을 위한 값진 선물이다. 세상을 나만의 작은 범주에서 벗어나는 생각과 자신감을 갖게 하는 삶의 귀한 동기부여가 된다. 사소한 도움을 베풀 만한 곳에 일주일에 한두 번씩이라도 실행해보는 것이다. 사소하고 작은 곳, 할 수 있는 곳에 마음과 눈을 돌려본다. 조금 양보하는 마음, 도움이 필요한 곳이 많이 있음을 찾게 된다. 하루에 하나라도 실천해보자. 우리의 생각의 전환이요, 훈련과 실행이다. 능력 있는 자신감은 이런 과정 가운데 함께 만들어지는 귀중한 자산이요, 특별한 선물이다.

두려움의 정의

두려움은 인간의 생존에 대한 방어 수단으로 나타나는 심리 작용이다. 원시 시대에 동물들과 이방 민족의 공격에 그들의 삶에서는 두려움이 떠나질 않았다. 또한 성경에 아담과 하와가 에덴동산에서 하나님의 말씀을 거역하였기에 나오는 두려움이 시초가 된 것이다. 인간은 감정의 동물이다. 실생활에서 크고 작은 많은 두려움을 갖고 산다. 그러나 두려움이란 실체는 몇 배 확대경으로 과장되어서 마치 괴물처럼 변신되어 위협스런 존재가 된다. 삶에서 두려움은 같이 안고 가는 존재라고 본다. 억지로 그 감정에서 도피할 수는 없다. 이 존재를 심도 있게 분석할 필요가 있다. 두려움과 걱정은 같은 의미로 생각할 수 있다. 심신이 약하고 나 자신에 대한 확신 부족으로 혹은 자신감 결핍에 의한 결과라고 본다. 두려움에 대한 특효약은 자신감이다. 우리의 삶에서 오는 진정한 두려움의 실체는 15% 정도라고 심리학자는 이야기한다. 그러면 나머지는 있지도 않은 존재에 대한 우려와 심리적인 과잉 반응이라는 판단이다. 두려움 자체는 우리 스스로 만들

만능열쇠 자신감

어내는 걱정과 불안증이다. 이들의 공통점은 크게 존재하지도 않는 것에서 오는 근심, 노파심, 예민한 성격, 허약함에서 나타난다고 전문가들은 보고 있다.

두려움이 없는 사람은 아무도 없다. 우리의 삶은 여러 문제들과 복잡한 과정을 거치는 시간이기에 수반되는 당연한 과제라고 본다. 두려움을 부정하는 것보다 받아들이되 거르는 연습을 통하여 마음의 부담을 최저로 줄여가며 대처하는 것이 최대의 방어라고 생각한다. 중요한 것은 이성과 냉정을 찾고 두려움의 원천이 어디에서 오는가를 찾아봐야 한다. 역설적으로 두려움은 우리의 삶에서 필요한 도움을 주는 존재다. 두려움에서 벗어나려는 혼신의 노력을 하기 때문이다. 그곳에서 새로운 지혜가 얻어지고 크게 성장할수 있는 교두보를 만들기 때문이다. 경험을 통한 방지 역할도 한다. 대부분의 걱정과 두려움의 결과는 그렇게 심각하지 않다는 것이 결론이다. 두려움의 치료 방법 중 하나는 그 실체를 연구하는 것이다. 원인은 무엇인가? 실체는 무엇인가? 결과는 어떻게 되어가는가? 철저하고 이성적인 분석을 통하여 그 실체를 심각하지 않게 생각하는 연습이다. 모든 생각을 비우고 조용한 명상에 잠겨본다. 우선 전능하신 분에게 모든 염려와 두려움, 문제들을 맡기는 것이다. 성경에서 예수님이 '이에 제자들에게 이르시되 어찌하여 무서워하느냐? 너희가 어찌 믿음이 없느냐 하시니'라고 말씀하였다. 이와 같이 믿음이 없어 두렵고 불안하다는 꾸지람이었다.

염려와 두려움이 사라지고 그 대신 마음속에 평안함, 확신, 보이지 않는 힘이 찾아옴을 느낀다. 우리가 할 수 없는 불가항적인 문제를 전능하신 분께 전적으로 맡기고 의지하는 연습은 상당한 능력과 효과가 있다. 우리의 삶은 기계에 맞추어진 삶이 아니다. 미래를 믿음의 눈으로 보며 그곳을 향하여 예기치 않은 방해물을 피해가며 한 걸음씩 옮기는 것이다. 불확실한 미래에 대한 불안감, 두려움이 생긴다. 당면한 문제에 대한 의심, 초조함 등이 찾아온다. 두려움을 극소화하고 담대히 대처하는 다른 방법을 찾아보면, 두려움은 문제뿐만 아니라 좋은 행사나 이벤트에서도 찾아온다. 혹여나 결과가 좋지 않을까 하는 우려감의 두려움이다. 이러한 우려감에 편한 마음을 갖는 훈련이다. 긴

장을 풀어보자. 내 마음에 제어 장치를 만들어놓는 것이다. 뇌신경 전문 학자들의 주장에 의하면 '잘될 것이다'라는 확신의 메시지와 확신의 마음을 갖고 또한 담대한 마음을 가지며 계속해서 자신에게 강한 메시지를 보내는 것이다. 처음 문제에 부닥칠 때는 큰 존재인 것처럼 마음에 다가온다. 두려움과 불안감이 눈덩이처럼 크게 보인다. 그러나 얼마 지나면 나의 두려움의 정도가 많이 점점 줄어드는 것을 발견할 수 있다. 심리적인 패닉 상태에 들어가기 전에 마음을 가다듬고 의식적으로 문제를 컨트롤하는 마음의 훈련을 해보자. 긴장을 풀고 두렵고 초조한 감정을 내려놓고 문제의 해결 중심 마인드 모드로 전환을 해야 한다.

다른 방법은 두려움으로 인하여 신체적으로 맥박과 심장이 뛰는 경험을 한다. 호흡을 조정하는 연습이 필요하다. 숨을 몇 초 천천히 깊게 마시고 천천히 내보내는 반복의 훈련이다. 호흡을 통하여 우리의 감정을 컨트롤할 수 있다. 마음을 비우고 눈을 감고 2~3분 동안 공기를 깊게 들이마시고 다음 내보낼 때 잠깐 쉬는 공간을 갖고 다시 길게 내보내는 방법을 몇 번 실행해보는 것이다. 심리학자들이 널리 추천하는, 두려움과 스트레스를 제거하는 효과적인 방법이다. 과거의 경험에서 볼 때 당시에는 두려움이 있었으나 결과적으로는 해피엔딩의 결과로 나타난다. 문제를 보는 눈을 부정적 감정으로 인하여 극한 상황으로 끌고 갈 필요가 없다. 이성적으로 마음의 평정과 안정을 찾고 최선의 해결책을 준비하는것이다. 세상 끝까지 온 것은 아니다. 대부분의 문제는 그곳에 해결책이 내포되어 있기 때문이다. 잘되리라 하는 심정으로 바라보는 훈련이다. 이러한 연습은 감정을 다스리는 뇌의 편도체에서 실제 그대로 받아들인다고 한다. 직장에서 인터뷰, 비즈니스 미팅, 새로운 분야의 개척 등에서 오는 두려움은 자신감과 확실한 준비 과정을 가지고 임하면 해소가 된다. 마찬가지로 우리 삶에는 수많은 크고 작은 행사와 이벤트, 프로젝트와 함께한다. 또한 비즈니스 미팅을 하면서 잘못되지는 않을까 하는 마음, 혹은 원치 않는 사건에 연루되어 생기는 불안감과 우려감이 마음 한구석에 있음을 발견한다. 그러나 이러한 두려운 감정은 모두가 우려에서 오는 일시적인 생각이다. 이러한 감정이 마음속에서 나올 때 좋은 결과를 기대하는 마음을 갖는 훈련이 필요하다. 자신의 마음을 컨트롤해야 한다.

　이처럼 환경을 지배하는 감정이 무엇보다 중요하다. 훈련이고 일이 잘되어가는 과정을 상상하며 축복하며 결과가 잘될 것이라는 긍정과 확신의 마음을 의식적으로 갖고 또한 결과를 긍정적으로 받아들이는 것이다. 해결책을 마련하고 최대로 대처하며 자신감을 갖고 잘되는 기대감을 갖고 적극적인 자세로 임해보는 것이다. 결과가 원하는대로 되지 않더라도 배우는 좋은 경험이 된다. '다음의 최선의 방법은?'이라고 스스로 질문하며 답변을 찾는 방법이다. 연말을 맞이하니 크고 작은 행사들이 연결되어 있다. '혹여나 잘못되지 않을까?' 하는 염려가 있었으나 모두 다 지나고 난 후 결과는 모두 좋았다는 결론이다.

　첫째로는 감정을 자제하는 것이다. 두려워할 필요는 없다. 두려움이 오면 피하는 것보다 받아들이고 긍정적이고 적극적인 대처를 해야 한다. 힘든 것일수록 마음을 강하게, 그리고 선취적인 태도로서 적극적으로 과감하게 대응하고 그것에 맞서는 준비를 최선적으로 해야만 한다. 적극적인 대처는 자신감을 동반하며 확신이 생긴다. 필자는 크고 작은 문제에서 오는 불안감, 초조함, 두려움 등을 '축복의 문'이라고 정의를 내린다. 문제의 해결에 대한 자신감이 생기며 결국은 두려움이 우리에게는 다른 형태의 기쁨의 통로가 된다. 이같이 적극적인 대처에는 불안감이 불식된다. 필자는 오랜 비즈니스 경영으로 인하여 문제들과 소송 사건에 연루된 적이 있다. 두려움과 불안감이 마음을 부정적으로 만들어간다. 한두 번 같은 환경을 접하고 보니 그 후의 방법은 적극적, 그리고 능동적으로 대처하기로 결단하니 두려움과 불안감은 사라지고 오히려 확신감이 찾아왔다. 결론은 내가 스스로 만들어놓은 두려움의 함정이었다는 사실이다. 세상 모든 일은 올바로 대처하고 방어만 제대로 하면 결과는 해피엔딩으로 끝난다. 혹 어려움이 찾아와도 다 지나가게 되어 있는 것이다.

두 번째는 두려움을 피할수록 정신적으로 오는 피해가 심하다. 두려움을 자세히 분석할 필요가 있다. 적극적인 대책을 마련한다. 원인은 어디에서 오고 이유는 무엇인가? 그것이 주는 영향은? 대처하는 방법은? 냉정한 이성을 찾고 두려움의 정체를 파악하고 나면 오히려 홀가분해진다. 물고기를 장거리로 효과적으로 수송하는 방법 중 하나는 그곳에 몇 마리의 천적의 물고기를 풀어놓는 것이다. 죽지 않기 위하여 여러 가지의 생존 수법을 사용한다. 생존 방법을 통하여 새로운 것을 배운다. 인간의 삶도 이와 같은 원리다. 문제가 해결될 때 자신감이 붙는다. 삶에 노하우와 지혜의 좋은 경험을 한 것이다. 같은 문제에 직면하더라도 지난번의 경험에 의하여 크게 두려움 없이 해결할 수 있다. 이와 같이 두려움, 우려감, 스트레스는 한편으로 우리에게 좋은 영향을 가져다준다. 삶의 미래가 불투명하기 때문에 이것에 대비하기 위한 훈련이고 경험이요, 배움이다. 두려움의 포로가 되어서는 안 된다. 인간은 어려움을 해결할 수 있는 지혜와 능력을 갖고 태어났다. 경험을 통하여 지식을 터득할 수 있다. 혼자서 문제를 안고 있으면 두려움은 더 크게 증폭이 된다.

셋째는 전문가의 도움을 구하는 것이다. 주위에서 믿을 수 있는 지인에게 자문을 구한다. 방법을 알고 대처하면서 후에 두려움이 많이 소멸되어가는 것을 발견한다. 삶의 모든 일이 잘될 수만은 없다. 문제를 해결하고 새로운 방향을 향하여 가는 것이 우리의 삶이다. 두려움의 정체를 알고 나면 크게 염려할 것이 아니라는 결론이 나온다. 두려움의 감정이 자연스럽게 소멸된다.

네 번째는 두려움이 나를 삼키지 않도록, 그 이상의 선을 넘지 않도록 강력한 '스톱'이라는 제어 장치를 마련하는 마음의 훈련이 필요하다. 이것도 우리의 보는 시각이다. 혹여나 잘못되면 다음은 어떻게 대응을 할 것인가에 더 치중을 하는 것이다. 문제에 부딪치며 경험을 통하여 두려움에 대한 면역이 쌓여간다. 문제를 두려움과 실패, 그 자체로 보는 것보다 해결의 긍정적인 관점, 해피엔딩의 관점에서 보는 것이다. 할 수 있는 최대의 공격과 방어책을 준비하면 된다.

결론은, 두려움은 실제보다 큰 존재가 아니다. 두려움이 오기 전에 방어하는 것이 중요한 부분이다. 대부분 문제가 원만히 해결되는 것을 본다. 이것이 지나간 후에는 별것이 아니라는 결론이다. 무엇보다 평소에 생각과 대화에서 부정적인 것보다는 긍정적인 것에 더 치중을 하는 삶의 훈련과 습관이 필요하다.

말의
다이나믹한
능력

말은 곧 내적인 의견을 표현하는 유일한 매개체다. 말에 대한 올바른 정의는 동서양을 막론하고 말에 포함된 능력과 그 중요성은 무수히 많다. 그중에 하나님이 천지를 만드실 때 '말'로 온 천지를 만드셨다고 적혀 있다. 말은 인간의 생사화복을 모두 불러오는, 끝이 없고 측량하기 어렵고 우주에서 가장 강력한 능력이 있는 전달체라고 보는 것이다. 몇 가지 특성을 보면 곧 창조의 능력, 지혜의 능력, 기적의 능력이다. '말로 천 냥 빚을 갚는다.' 말은 살아 있다. 말대로 역사하는 위대한 능력이 있고 올바른 말은 세상을 바꾸는 능력이 있다. 반대로 부정적인 파괴가 담긴 말은 실패와 멸망을 초래한다. 가는 말이 고와야 오는 말이 곱다는 말, 이웃과의 관계에 매우 중요한 역할을 한다. 진심이 없는 말, 기분대로 하는 말, 험담을 자주 하는 말, 부정적인 언사 등의 효과는 반드시 부정적인 효과를 가져온다. 말은 또한 말하는 사람의 모두를 알게 해준다. 바로 그 사람을 대표하는 내용이 모두 담겨져 있다.

만능열쇠 자신감

말에는 화합의 해결사, 또한 치료하는 만병통치, 대단한 힘과 기적의 능력이 있다. 주위에 작은 오해로 말미암아 평생 관계를 끊고 사는 가족, 이웃들이 많다. 말로 인하여 관계는 다시 복원되고 오해가 풀리며 새로운 관계로 이어진다. 이것이 우리가 평소에 사용하는 말의 위대한 능력이다. 나라와 나라, 단체와 단체 간, 개인과 개인 간에 전쟁과 싸움의 원인은 모두 말에서 나온다고 해도 과언이 아니다. 즉, 말의 내용에는 이러한 독성이 강한 요소들, 오해, 이기심, 편견, 질투, 증오 등이다. 우리가 사용하는 말은 진노를 멈추는 다이너마이트와 같은 에너지가 있다. 에너지가 담긴 희망의 말을 세상을 향하여 외쳐보라. 멀리 메아리로 퍼져나가 그 말은 마치 응원군과 같이 온 우주에 같은 힘들이 모아져 다시 나에게 돌아온다. 산에서 크게 '나는 축복받았다'라고 소리지르면 메아리가 되어 똑같은 메시지로 나에게 돌아온다. 축복의 말이든 저주의 말이든 일단 입에서 나가는 순간부터 그 말의 뜻대로 능력이 발휘된다. 마치 라디오로 원하는 방송에 주파수를 맞추듯 내가 사용하는 말들은 어느 주파수를 맞추는가?

긍정의 말, 감사의 말, 능력의 말, 축복의 말, 바로 그곳에 주파수를 맞추어 그 축복들을 내 소유로 만들어보자.

또한 말은 이렇듯 에너지를 끌어모으는 대단한 능력이 있다. 유명한 영도자의 연설은 나라의 운명을 바꾸어놓았고 역사의 물줄기를 돌려놓았으며 수백만의 삶을 송두리째 바꾸어놓았다. 말은 살아 있고 기동력이 있어 수만 리를 간다. 그러나 우리의 일상적인 대화를 보면 불행스럽게도 부정적인 소재들이다. 이것이 습관이 되어 나도 모르게 절제 없이 독성을 뿜어내는 마치 만화영화에 나오는 괴물 '고질라'처럼 모두를 파괴시키는 힘이다. 부정적인 말, 가십은 물귀신처럼 상대를 물고 들어가 모두 멸망하는 능력이 있다. 주위에 부정적인 말과 이유를 항상 달고 사는 사람의 그 주위 식구, 친구, 이웃 사람들과의 관계를 보면 단절되거나 좋지 않다. 혼자 외로이 사는 사람도 많다. 특히 이렇한 좋지 않은 말일수록 사람들에게 흥미와 자극을 준다. 또한 마약과 같은 중독성이 있다. 이러한 대화를 하는 것이 즐겁고 재미난 대화, 좋은 대화라고 생각한다. 이러한 친구가 있다면 정리할 필요가 있다. 이러한 언어 구사에는 주위의 일도 안되는 방향으로 되어진다. 그 말은 아울러 독소와 부정적인 생각과 행동을 수반하기 때문에 모든 일에 방해와 걸림돌이 된다.

말의 능력은 '감사하다, 희망이 있다, 잘된다, 용서한다, 축복한다' 등 긍정이 담긴 용어에서 능력이 나온다. 다음의 나의 평소의 말들을 분석하고 스스로 자문을 해보자. 구체적으로 나열하면 다음과 같다.

① 나는 습관적으로 부정적인 시선으로 남을 보는가?

② 나는 불평을 입에 달고 사는가?

③ 나는 남의 가십에 관심이 많은가?

④ 나는 안되는 것의 이유만을 중점적으로 이야기하는가?

⑤ 나는 힘을 빼앗는 이야기를 하는가?

판단은 본인의 솔직한 몫이다. 험담, 분노, 가십, 실패 등 이야기를 한 후에 나의 마음 상태를 살펴보라. 마음이 무겁고 갖고 있는 힘마저 뺏어갈 것이다. 마치 무거운 짐을 지고 높은 언덕을 올라가는 소달구지처럼 힘겹고 결국 기쁨과 능력, 자신감의 삶에서 멀어진다. 삶의 의욕도 없어지고 이유와 불평과 불가능으로 가득 찬 삶이 되고 만다. 내 속의 기생충과 같은 존재다. 내 속에 갖고 있는 능력도 다 뺏어가기 때문이다. 반면 긍정적인, 세우는, 건설적인 희망에 찬 이야기를 한 후 내마음의 상태는 한결 힘이 되고 희망의 메시지가 들어와 에너지와 자신감이 충만히 쌓인다. 인생을 보는 눈, 사람을 보는 눈, 나를 보는 눈이 달라진다. 말이 사람을 만들고 사람이 말을 만든다. 30초 내뱉는 말이 30년이 간다는 이야기가 있다. 생각 없이 내뱉는 말이 항상 화근이 된다. 가족, 친구, 친한 사이에서 허물없이 사용되는 말은 평생 상처가 된다. 능력과 힘을 주는 말을 하면 말하는 나의 마음에는 능력의 힘으로 나타난다.

물론 허망한 과장의 말을 사용하는 뜻은 아니다. 말을 적절히 사용하고 어떤 경우에는 침묵할 때가 있다. 우리에게 힘과 기쁨과 능력을 주는 말을 적절히 사용하는 훈련을 해야 한다. 올바른 말의 사용은 바로 자신감과 직접 연결이 되어 있다. 간단한 시험을 해보자. 좋은 말을 사용하고 나에게 주는 감정은 어떠한가? 분명히 기분이 좋아진다. 나쁜 말을 한 후의 감정 상태는? 씁쓸한 독소가 마음 가운데 남는다. 또한 성공한 사람의 말과 실패한 사람의 말을 보면 쉽게 그 차이를 발견할 수 있다. 자신감 있는 말, 확신의 말, 긍정적인 말은 그들의 삶도 그 방향으로 된다. 자신감이 있는 사람의 말의 표현은 미래지향적인, 즐거움과 행복한 말을 의도적으로 사용하고 어려운 상황으로부터 자신을 방어하고 보호하는 것이다. 상대를 그곳으로 안내하며 좋은 에너지가 발산된다. 이것은 일상의 작은 훈련으로 시작할 수 있다.

우리의 삶에 항상 즐겁고 좋은 일만 생길 수는 없다. 특히 코비드-19 바이러스로 인해 일상생활의 삶이 위축되고 어두워진 삶이다. 불안스런 사회에서 마음이 우울하고 외로운 삶에서 벗어나기 위해 할 수 있는, 효과 있는 예방책이다. 곧 실행해보자. 나의 마음이 어떤 상태로 변하는지 관심 있게 보라. 이러한 언어 구사를 의식적으로, 습관적으로 하다 보면 나도 모르게 생각이 변하고 보는 눈이 달라지며 메아리와 같이 나의 마음에 바로 '자신감'이라는 메시지가 되돌아와 가슴을 흔든다. 주위 만나는 부정적인 사람들과의 만남을 선별하여야 한다. 링컨 대통령의 유명한 일화 중에, '사람은 언제부터 행복할까요?'란 물음에 그는 '내가 행복하다고 말하는 순간부터'라고 말했다. 성경에는 특히 말에 대한 이야기가 많다. 그중에서 인생의 생사 화복이 혀에 달려 있다고 말한다. 그만큼 말에는 가공할 만한 능력이 있기 때문이다. 복을 멀리하는 언어는 나의 입에서 없어져야 한다.

우리 능력은 말이라는 매개체를 통하여 우리에게 다가온다. 복을 불러오는 말을 해보자. 세상을 향하여 사람들을 향하여 긍정의 말, 감사의 말, 축복의 말을 하자. 특히 낙심에 빠져 있는 사람, 병중에 있는 사람, 실패에서 헤어나오지 못하는 사람 등이다. 그들은 우리의 따뜻하고 힘이 되는 말, 위로의 말과 격려의 말이 절대적인 힘으로 작용한다. 누구와 만나든지, 어떤 환경에 있든지 의식적으로 좋은 면을 찾고 그곳에 조명을 하여 보는 눈과 마음을 갖도록 훈련하는 것이다. 그들의 입장에서 보는 습관을 들여보자. 말은 인간에게 가장 능력있게 다가온다. 말로 인하여 긍정적인 것에 예민하고 그곳에서 에너지를 발견하는 것이다. 세상의 모든 능력과 복을 축복의 말로 끌어들이자. 말로 적군을 아군으로 만들자. 어떤 환경에 있든지 복을 불러오는 말, 긍정의 말로, 그리고 나에게는 위대한 자신감으로 삶은 천국을 이룬다.

모험의 필요성

모험은 자동차에서 GPS의 역할이다. 어느 곳으로 가야 할지? 혹은 무슨 일을 하여야 하는지? 다만 확연히 다른 것은 실체의 GPS보다 행선지의 정보가 확실치 않다는 것이다. 투명하지 않고 우리의 가는 길이 미지수와 혼돈의 세계가 될 수도 있고 그곳에서 금광맥을 발견할 수 있는지도 미지수다. 그러나 확실한 것은 행선지가 믿음에 바탕을 둔 확신된 용기와 도전과 개척이라는 점이다. 그곳으로 확신을 갖고 떠나는 길이다. 확신과 믿음이라는 두 날개를 가지고 있다. 이것들은 실패로 끝날 수도 있다. 무모한 행동일 수도 있다. 그러나 우리는 이러한 위험 속에 귀한 보물이 숨어 있다는 것을 깨달아야 한다. 보물을 발견하는 작업이 우리의 임무고 책임이다. 모험이 주는 긍정적인 요인을 찾아보면 다음과 같다.

① 모험은 우리 삶에서 숙명적 행동이다.
② 모험은 삶의 의무다.
③ 모험은 생활 강령이다.
④ 모험은 진리를 발견한다.

⑤ 모험은 담대하게 만든다.

⑥ 모험은 중독성이 있다.

⑦ 모험은 성공자, 개척자, 정복자로 만든다.

⑧ 모험은 지식을 더한다.

⑨ 모험은 무한한 가능성이다.

⑩ 모험은 성장의 제일 요인이다.

⑪ 모험은 노력과 쟁취다.

⑫ 모험은 삶의 가치를 알게 한다.

⑬ 모험은 수많은 선택이다.

⑭ 모험은 희열을 가져온다.

히말라야를 등반하는 산악인들은 눈사태, 도처에 숨어 있는 얼음 절벽인 크레바스 등 그 밖의 여러 위험들을 무릅쓰고 노력한 결과 정상 봉우리를 정복한다. 생명을 던지는 고투 끝에 정복을 하면 그 기쁨과 희열은 세상 어떠한 것과도 바꿀 수 없다. 그러나 그들은 그것에 만족하지 않고 다시 근처의 14개 다른 봉우리를 정복하는 것이 꿈이요 숙원이라고 한다. 우리의 모험은 최고 높은 산을 정복하는 것과 같은 원리에 적용이 된다. 그들은 수많은 산을 정복하는 연습을 통하여 철저히 자신들을 훈련시켰다. 모험에는 철저히 계산된 것과 철저한 믿음에 의한 모험이 있다. 두 가지 모두 필요하다. 무모하게 지식, 정보 준비 없는 결과는 백전백패가 된다. 도전 정신과 어느 정도의 전문성, 열정, 인내가 필수다. 그러나 완전한 준비는 없다. 중요한 요인만 갖추고 난관을 뚫고 나가는 도전의 용기, 현실 감각, 미래를 보는 시각이 더 중요하다. 물론 실패는 따라온다. 그러나 주저 말고 다시 일어나야 한다. 당연한 과정의 일부로 본다. 그러나 모험의 과정을 거치지 않으면 우리는 절대로 성장할 수 없다.

세상은 급속도로 변화한다. 혁신적인 AI 인공지능, 수많은 앱을 통한 새로운 지식의 출현, 또한 COVID-19 같은 전염병에 의한 두려움, 심한 인플레로 인한 경제 상황 악화, 역사 부정, 왜곡 등이 사회를 편가르고 급속스런 변화와 혼돈 가운데 들어가고 있다. 이러한 어지러운 소용돌이 가운데서 우리의 모험심은 계속 갖고 있어야 한다. 계산된 모험이 있다. 좀 더 신중하게 접근하는 방법이다. 반대의 결과가 나올 것에 대비하는 모험이다.

다른 모험은 상황에 직면하며 대하는 모험이다. 그러나 실패해도 무모한 모험 이외에 크게 손해볼 것이 없다. 그 결과 귀한 경험을 쌓고, 새로운 것을 배우며 다른 모험으로 시작이 된다. 우리 인생은 모험 아닌 것이 없다. 모험이 없는 인생은 무감각하며 흥분이 되지 않는다. 모험을 하는 부류와 그렇지 않은 부류의 차이는 크게 벌어진다. 무모한 모험은 실패로 이어질 수 있으나 작은 모험들의 경험으로 더 큰 경험을 하며 대처의 능력을 쌓고 원하는 목표 지점에 가깝게 도달할 수 있다. 모험을 통하여 호기심이 쌓이며 여러 부분에서 선구자, 리더의 역할을 할 수 있다.

모험은 작은 것부터 시작하여 점차 큰 주제로 옮기는 방법이다. 작은 모험이 모여 큰 모험을 이룰 수 있다. 일생 삶에서 모험으로 인하여 좋은 결과를 이룬 것에 대하여 관찰할 필요가 있다. 선진국이라고 칭하는 나라는 모험에 대단히 민감하고 과감하다는 것이다. 미지의 세계에 대한 강한 호기심, 개척자의 용기, 정신이 포함되어 있다. 바로 자신감과 직결되는 대목이다. 미국은 지적 재산권에 관한 특허를 개발하고 소유하는 데 어느 나라보다 제일 앞장서고 있다. 노벨상의 수상자 역시 최상위의 위치에 있다. 모든 획기적인 앱의 개발은 어느 나라보다 거의 미국이 휩쓸고 있다. 세계의 모든 획기적인 발명품은 미국 손을 거치지 않는 것이 없을 정도다. 세계 제일 선두 역할을 한다. 이것은 결코 우연히 얻어진 것이 아니다. 분명히 그곳에는 중요한 핵심 부분이 있다. 그것은 바로 호기심으로 인한 강력한 모험심의 발동에서 나온 것이다. 파이오니어 정신, 개척 정신, 창조 정신이 바탕이다. 이것의 중요한 구성 요인은 바로 강력한 모험심이 근본이자 필수다. 미국 회사의 입사 인터뷰에서 심사위원이 제일 중요하게 보는 핵심은 그들의 모험심의 유무를 확인한다고 한다. 생각만 하다가 기회는 다 놓치고 만다. 또한 매일 문제없이 물 흐르듯 바람에 흔들리듯 흘러가는 삶은 인간의 근본 정체성과 창조 동기에 맞지 않는다.

통계적으로 보면 무모한 것 이외에 모험에 대한 결과는 실패보다 성공률이 훨씬 많았다. 모험의 돌담과 성벽을 하나씩 쌓는 것, 이것은 바로 위대한 자신감의 원천이다.

미식축구

나는 운동 경기 중 특히 미식축구를 좋아한다. 무엇보다 경기 내용 면에서 격렬하고 역동적이고 공격과 수비 팀 모두 공격 모드가 다른 경기보다 빠르게 전개되기 때문이다. 모든 선수가 럭비공과 같이 양끝이 뾰족하기에 지면에 닿으면 어디로 튀어나갈지 모르기 때문에 모든 선수가 긴장하며 움직여야 한다. 또한 어느 경기보다 가장 위험스럽고 선수들이 크게 부상당할 확률이 높다. 경기 중 자주 중단해서 보는 리듬이 깨져 흥미를 잃을 수 있으나 경기가 격하다 보니 규칙이 까다롭고 수비 팀에 자주 막히고 계속하여 진행되지 못한다. 그러나 실상은 중요한 규칙만 알면 흥미진진한 경기다. 치밀하고 절묘한 작전 계획이 승패를 좌우한다.

공으로 하는 경기, 특히 럭비와 미식축구가 다 비슷해 상대방 지역을 빼앗아 그곳에 공이 들어가면 점수를 얻는 방식이다. 특히 미국에서는 미식축구, 영국이나 그 연방국가는 럭비가 운동을 대표한다. 그중 미식축구에 대하여 설명해보자.

다른 경기와 다른 특이한 점은 비가 오나 눈이 오나 관계없이 경기는 계속된다는 점이다. 큰 천재지변 혹은 예기치 않은 큰 사고가 오지 않는 한 중단되는 경우는 거의 없다. 우리 삶과 거의 흡사한 성격이 있다. 경기가 과격하기 때문에 관중들의 열기는 어느 경기보다 뜨겁고 자기편에 대한 응원 또한 대단하다. 특히 대학 팀은 학교 밴드 팀과 댄싱 팀이 동원되고 학교 홍보 또한 요란스럽다. 자신들이 살고 있는 도시의 대학 팀 혹은 프로 팀들에 대한 응원은 시 전체가 뜨거운 응원과 함성의 소리로 하늘을 덮는다. 특히 수위가 비슷한 최상위 팀의 경기는 모두가 관전하느라 길거리가 한산할 정도로 조용하다. 그야말로 불꽃 튀기는 대접전이다. 특히 겨울에는 밖에서 이루어지는 활동이 적은 이유로 많은 대부분의 시청자가 미식축구 게임 중계에 시선이 쏠린다. 물론 대부분의 대화는 축구에 대한 대화가 주종이다. 미국 특유의 힘과 불굴의 개척 정신을 그대로 나타내고, 특히 다른 나라에서 흉내 낼 수 없고 미국만이 할 수 있는, 순간마다 역동적이고 창의적이고 규모가 큰 경기다. 미국의 위상이 세계 제일이라는 모든 파워가 이 경기를 통하여 이루어졌다고 볼 수 있다. 우리 삶의 시계는 멈춰주지 않는다. 천재지변이 있어도 삶은 계속되고 있다. 우리의 삶과 같다.

넘쳐나는 에너지와 역동적인 진행에 상당한 매력이 있다. 경기 면에서는 한 번의 공격할 기회가 주어지면 상대에 빼앗기지 않는 한 세 번 공격할 수 있는 기회가 주어진다. 10야드 공격에 성공하면 다시 세 번 공격할 수 있다.

운동이 격하다 보니 규율이 무척 엄하다. 실수하면 치명상을 입을 수 있다. 경기 중 부상으로 실려 나가는 예는 허다하다. 공격을 방해하거나 특히 마스크를 잡거나 몸에 큰 상해를 주는 행동을 했을 때 큰 벌칙을 받는다. 또한 위험한 행동을 고의로 했을 때에는 퇴장될 수 있는 원인이 된다. 선수 이미지에 흔적으로 남는다.

주 공격수이자 주장 격인 쿼터백이 원하는 곳으로 공을 못 던지게 막아주면 공격 팀은 득점을 할 수 없다. 또한 정확한 패스가 관건이다. 이것에 대부분 게임의 승산이 결정된다. 선수 간에 결집과 팀웍은 무엇보다 필수다. 세상 삶은 기다려주지 않는다. 그러나 기회는 다시 찾아온다. 바로 우리가 살고 있는 삶의 현장이고 현주소다.

재정비하는 타임아웃의 기회가 게임에서 중요한 시기마다 주어진다. 즉, 실패하면 다시 재기할 수 있다. 우리의 삶은 일시적 감정이나 환경의 변화에 예민할 수만은 없다. 경기처럼 삶의 주사위는 던져졌다. 삶과의 투쟁, 나와 혹은 외부와의 싸움은 시작됐다. 미식축구 경기와 같이 우리의 삶은 눈이 오나 태풍이 불어도 주어진 일은 해야만 한다.

운동 경기처럼 치열한 경쟁이 현실에서 펼쳐지고 있다. 특히 대학 팀 선수들은 젊은 혈기와 에너지가 넘쳐나 학교의 명예와 이름을 위하여 혼신의 투혼을 다해 뛰기 때문에, 보다 흥미를 더해준다. 그러나 프로 팀보다 연령층이 젊기에 무모하고 위험한 경기가 된다. 따라서 위험한 행동에 대한 벌칙은 프로보다 더 엄격하다.

대학 선수들은 프로와 달리 몸을 사리고 조심하지 않는다. 학교의 명예와 자부심으로, 또한 젊은 패기와 왕성한 에너지로 최선을 다하여 경기에 임한다. 체력이 소모되는 심한 경기라 다른 경기보다 흥미를 더하고 온몸을 던져가며 임하기에 강한 체력과 민첩함이 필수다. 경기 패턴이 빠른 속전속결로 이루어진다. 에너지 소모가 심한 편이다. 그리고 마지막 일 분이라도 최선을 다하는 게임이다. 또한 상대 선수 간에 강렬한 몸싸움에서 오는 개인적인 적대감 혹은 쓴 감정이 비교적 없는 것이 특이하다. 우리의 삶에 나오는 이웃 혹은 사람 간의 쓴 감정과는 달리, 치열한 게임이나 일단 끝나면 상대방 감독 그리고 선수 간에 "잘했다" 혹은 "좋은 게임이었다" 하며 격려와 포옹을 교환한다. 이긴 팀의 주장이나 코치의 방송 인터뷰는 늘 상대방 팀을 훌륭한 팀이라고 치켜세워준다. 스포츠 정신이 잘 배어 있는 멋진 경기라 할 수 있다. 간단히 정리 요약을 하면 다음과 같다.

① 다른 경기와 달리 기후나 자연의 변화에 관계없이 게임을 진행한다.

※ 삶에 정지가 없다. 어떤 상황이든지 계속 지나간다.

② 마지막 일 초라도 혼신을 다하여 임한다.

※ 맡겨진 일에 끝까지 전력을 다해야 한다.

③ 치열한 몸싸움의 경기라 규칙을 어기면 심한 벌칙이

주어진다.

※ 법을 어기면 그 대가를 치러야 한다.

④ 경기의 결과에 깨끗이 승복하고 상대 선수에 대한 쓴 감정이 없다.

※ 실패에 너무 낙심할 필요가 없다. 사소하고 작은 일에 성내거나 예민할 필요가 없다. 실수를 과감히 인정하고 좋은 관계를 유지한다.

⑤ 동료 선수 간에서 결집과 화합이 무엇보다 중요하다. 서로 방어를 해주며, 선수들의 공격할 길을 서로 열어줘야 한다.

※ 주위의 사람, 동료들과 화합이 중요하다. 인생은 개인 플레이가 아니고 이웃과 상부상조하고 조화를 이루는 과정이다.

인생은 운동경기다. 인생에서 실패를 거치며 결국 목적의 달성이다. 전반전, 후반전, 결승전, 연장전 등을 바로 삶에서 만난다. 여러 번 반전할 수 있는 기회가 삶에서 찾아온다. 목적지에 도달하면 다른 곳을 향하여 걸음을 재촉한다. 끝남이 아니다. 계속 노력하며 목표를 향해서 사는 삶, 그러나 누구든지 완전한 삶은 없다. 실패하면 다시 일어나 앞으로 가는 삶이다. 주어진 삶에 최선을 다한다는 것, 바로 그것이 우리가 추구하는 성장과 발전의 삶이다. 어제보다 오늘이 향상되고 나아진 삶이다. 크고 작은 목표가 달성되고, '그다음의 계획은?'이라는 질문을 해본다. 무엇보다 나와의 경기요, 싸움이다. 목표와 플랜을 세우고 그곳을 향하여 전진하는 것이다. 시행착오와 실수는 당연히 앞길에 놓여 있다. 쉬운 길과 편법 등이 도처에 있으나 그것들은 언젠가 나의 발목을 잡는다. 정신적인 무력감, 디프레스, 불안감, 외로움, 분열, 따돌림 등 사회적인 병들이 만연하고 이것들이 함정이고 조심할 것들이다.

우리의 삶은 소진될 때까지 쉼표가 없다. 내일을 향하여 또 발걸음을 옮겨야 한다. 인생은 미식축구의 운영 방식과 같다. 쉬는 날이 인생의 마침표를 찍는 것이다. 인생의 훈련 과정과 동일한, 진실된 경기다.

만능열쇠 자신감

변화의 중요성

변화는 인간만이 소유하는 큰 축복이요, 특권이다. 변화는 개인과 사회, 국가, 나아가서 온 세계의 변혁과 큰 승리를 가져다주는 근본적 동기라고 말할 수 있다. 변화하는 과정을 거치지 않으면 인간은 보잘것없는 존재에 불과하다.

변화의 챕터는 매우 광범위하기 때문에 사람과 존재에 대한 우리의 습관적인 보는 눈, 즉 생각의 전반적인 변화 그리고 삶의 잘못된 타성들에 대한 절대적인 변화의 필요성을 다루고자 한다.

변화는 깨달음에서 오는 현상이다. 과거와 현재와 미래를 관찰하고 끊임없이 변화하는 동물일수록 최상의 고등 동물이라고 할 수 있다. 즉, 인간만이 할 수 있는 고유 능력과 영역이다. 이것이 바로 인간이 온 우주를 지배하는 이유다. 자신감은 생각의 변화에 의하여 시작이 된다. 잠자고 있는 나의 능력을 깨우는 일차적인 작업의 시작이다. 완전한 인간은 세상에 존재하지 않는다. 부족한 존재이기 때문에 배우고 호기심도 생기고 최상의 조건으로 탈바꿈할 수 있어야 하고 변화할 수 있는 진화된 능력을 소유하고 있다.

자구책의 최선의 방법은 바로 변화다. 원래 인간은 하나님이 만드신 작품 중에 최상의 걸작품으로 태어났으나 후에 인간의 범죄로 인하여 미완성 작품이 된 것이다. 이 때문에 삶의 과정에서 고치고 잘못된 부품도 바꾸고 사는 것이 우리의 인생이다. 바로 변화하고자 하는 치열한 노력이다. 무엇을 어떻게 변화시켜야 하는가는 평생의 과제다. 혹은 이룰 수 없는 과제일 수도 있다. 여러 변화가 필요하지만 삶에서 대표적으로 고쳐야 할 변화에는 선천적인 것과 후천적인 것으로 부모로부터 받은 타고난 성격, 그리고 세상에서 받은 상처, 두려움, 실패 등 여러 형태의 복잡스런 성격의 부조화를 지니고 있다. 그것이 고정적인 성격으로 변화되었다. 그러나 이러한 불편한 모순들에 대하여 자신을 보며 끊임없이 고치려고 노력하고 있다. 이것에 대한 깊은 높은 차원의 정신분석, 그리고 심리 현상에 의한 상담과 연구가 활발히 이루어지고 있다.

인간의 외모는 조상으로부터 물려받은 것이라 쉽지 않다. 요사이 성형이 발달해서 신체적인 면을 부분적으로 고칠 수 있으나 문제는 보이지 않는 내적인 결함에 대한 overhaul, 즉 변화와 고침이다. 이러한 작업의 시작은 속에 있는 단점, 나쁜 버릇 그리고 약한 점, 이것들이 중요한 부분을 차지한다. 여기에 도전하는 것이 나의 변화요 생각의 전환이다. 나를 객관적인 타인의 눈으로 솔직히 보자. 나를 아는 대로 노트에 적어본다. 고쳐야 할 것들을 쉬운 것부터 적어본다.

여러 가지가 있으나 흔히 삶에서 일어나는 몇 가지에 대하여 살펴보면 첫째는 과도한 음주와 도박이다. 이것이 가져오는 결과는 모두 알고 있다. 우리 민족은 한이 많아서인지 음주를 즐긴다. 기분이 좋아서, 혹은 나빠서, 날씨가 좋고 나쁨에 의하여 등 그 이유는 수도 없이 많다. 물론 몇 가지 긍정적인 면이 있다. 이것은 다만 자제력이 있고 감정에 흔들리지 않는다는 전제조건이다. 그러나 음주는 대부분 인간관계에 악영향을 미친다. 예기치 않은 실수를 저지른다. 좋은 면보다는 해악을 준다는 것이 결론이다. 조금은 건강에 도움이 된다고 하는데 어느 정도인지는 의학적으로 증명된 것이 아니고 전반적으로 해를 주

만능열쇠 자신감

는 것이 결론이다. 우선은 줄여보는 시도를 해보자. 같은 기호를 가진 친구, 이웃들과의 만남도 피한다. 정기적으로 모이는 금주, 도박에 대한 예방, 치료 모임이 있다. 대단히 효과적이다. 현실을 생각하고 내일을 생각하는 훈련이다. 즉, 감정 컨트롤을 하여 현실과 비현실 간의 간격을 줄인다. 몇 시간의 좋은 기분이 내일 혹은 미래 전부를 망칠수는 없다. 순간적으로 기분좋게 하는 것, 혼미하게 하는 것 등에 의존함은 순간적인 현실 도피요 은신처가 된다.

두 번째는 결정하는 주제에 좀더 심사숙고하는 일이다. 잘못된 결정의 연속이 그것이다. 우리는 감정이라는 순간의 기분에 지배를 당한다. 무엇보다 감정을 분별할수 있는 제동 장치가 필요하다. 감정은 일순간 멋지게 포장되어 우리의 이성을 마비시킨다. 이성적인 생각보다 감정이 앞서가 실수를 많이 한다. 순간의 기분에 의하여, 겉모양만 보고, 문제를 피하기 위하여 등 여러 가지 그러한 구실은 자신이 헛된, 위장된 감정에 속임을 당하고 있는 것이다. 우리 삶에는 냉철한 현실이 있다. 나의 감정을 비현실적인, 순간적인 것에 맡길 수 없다. 이러한 선입견에 의한 습관적인 생각에서 벗어나야 한다.

　세 번째는 분노를 자주 표출하는 사람이 있다. 급한 성격의 소유자다. 떠나가는 듯한 분노를 표출한 후에 얼마 후 정상인 것처럼 행동한다. 흔히 자주 듣는, '나는 뒤끝이 없다'라는 말로 피해나간다. 이것 또한 위험한 이기적인 발상이다. 심지어 구타까지 서슴지 않는다. 신체뿐 아니라 언어 폭력도 심각한 위험한 수준이다. 정신적 파괴로 인한 피폐한 공황장애로 만든다. 특히 이러한 언어 폭력은 할수록 정도가 점점 심해져 자신은 물론 상대방을 재기 불능의 폐인으로 만든다. 조그만 공간에 가두고 무자비한 언어의 폭력으로 자살로 이어진다. 결국 인간관계 그리고 가정이 깨지며 형사처벌을 받는 결과를 초래한다. 장기간의 정신 치료를 받아야 하는 심각성에 도달한다. 말의 효과는 복을 부르는, 또한 파괴를 하는 두 가지 기능이 있다. 저주의 입술은 나를 파괴시킨다. 나의 과도한 감정에 휩쓸려 순간적으로 판단 없는 행동을 한다. 특히 만연하는 '욱' 하는 성질이 삶을 망치고 어렵게 만든다. 그것은 유전적일 수도 있고 자라난 과정에서 온 결핍 증세 혹은 잘못된 버릇이라고 본다. 감정을 잡아주는 제어 장치가 부족하다. 문제는 계속되는 실수로 인하여 주위에 피해를 주어서는 안 된다. 습관적으로 참지 못하고 밖으로 표출하는 것은 나에 대한 공격이고 자멸하는 결과를 가져온다. 무엇보다 나의 자존감, 자신감, 정체성에 반대되는 행동이다. 순간의 감정에 의하여 쉽게 좌우된다. 자기 위주의 생각의 틀에서 나오는 위험한 행동이다. 위험스런 행동과 말의 폭력은 주위 사람들을 황폐하게 파괴하는, 절대로 근절해야 할 부분이다. 살상 무기와 같은 존재다. 그밖에 수많은 변화가 되어야 할 이유는 셀 수가 없다.

우리는 이 부분에서 모두 자유스럽지 못하다. 정도의 차이는 있지만 반복적인 파괴적 행동에 제동이 필요하다. 무책임한 행동, 현실 도피에서 나오는 게으름, 주어진 나의 책임을 기피하는 경거망동이라 할 수 있다. 또한 나의 절제되지 못한 생각, 현실을 파악 못 하는 소위 자유스러운 영혼, 생각나는 대로 행동하는 것 등 열거하면 끝이 없겠으나 결론은 인생의 주인공은 바로 나라는 점이다. 내가 곧 인생의 운전수라는 사실이다. 문제는 책임지는 삶, 고치려는 태도와 자세다.

어느 유명 가수가 텔레비전 방송 인터뷰에서 "사람들은 모두가 내 노래를 듣고 이야기하길 훌륭하다, 멋지게 잘 불렀다 하며 모두들 칭찬만 하는데 내가 진정 듣고 싶은 것은 나에게 무엇이 부족한가, 내가 유명 가수로서 고쳐야 할 것은 무엇인가 등 솔직한 비평을 듣고 싶다"라고 했다. 그에게 진정한 자신감과 변화하려고 노력하는 마음을 발견할 수 있다. 현실을 올바로 보고 싶은 것이다. 많은 사람들은 상대의 결점을 이야기하지 않는다. 실례되는 언사는 하지 않는다. 쓴소리를 해주면 화를 내고 더 이상의 대화는 없다. 그러나 진실되고 올바른 충고는 쓴 약 같지만 귀한 보약이다.

우리 모두는 변화하는 능력을 갖고 태어났다. 이유가 많은 사람들의 특징은 잘못에 대한 합리화다. 우리 부모의 영향으로, 혹은 집안에 내려오는 유전인자 때문이라는 이유다. 신체적으로 부모를 닮지만 정신적 그리고 성격으로도 닮는다. 좋은 것은 축복이나 잘못된 습관이나 버릇은 불행이다. 잘못된 유산, 관념, 그에 수반되는 행동에 대한 올바른 정의가 중요하다. 대물림이 되면 후손들의 생활이 불행해진다. 대물림에 대한 강력한 제어 장치가 필요하다. 저명한 심리학자들은 좋지 않은 유전적 대물림은 심리적인 상담과 자신의 깨달음과 노력으로 완전 치료할 수 있다고 한다. 나쁜 것에 대한 의식적인 훈련이 더 필요하다. 친구나 식구의 도움, 멘토, 그리고 전문가의 상담이 필요하다.

변화는 우리 삶에서 필수적이고 숙명적이고 반드시 통과해야 할 관문이다. 이것을 피해 가는 인간은 아무도 없다. 변화를 통해서만 인간과 사회와 온 세상이 변한다. 자신을 파괴하는 것, 피해를 주는 문제들에 무관심하다면 이기적이요, 책임 회피요, 삶에서 패배자가 된다. 우린 지금 혼돈스러운 세상, 외로움, 디프레스, 자살, 그리고 이웃 간의 분열 가운데 살고 있다. 이런 와중에 자신을 돌아보는 시간이 우리에게는 필요하다. 자신을 객관적으로 보고 냉철하게 비판해보자. 묶여 있던 사슬에서 풀려나 나를 해방시키자. 오히려 솔직히 인정하고 받아들이면 마음의 짐이 풀린다. 자존심, 열등감을 걷어내고 솔직히 인정하고 도움을 구하는 길이 진정한 변화의 길에 서는 것이다. 어려운 부분은 전문가의 도움이 필요하다. 아니면 친구나 지인의 진실된 조언을 받아야 한다. 전문 정보가 도서관에 그리고 인터넷에 차고 넘친다. 모든 행동에는 나의 책임이 따른다. 나의 주위에 있는 장애물, 걸림돌들을 거두어내자. 내 안에 있는 잡초는 모두 솎아내고 새로운 화초를 가꿔보자.

변화는 나만의 문제가 아니다. 우리 모두의 문제다. 그러나 빠른 시간에 바꾼다면 우리 삶은 성공적이다. 자연은 우리에게 변화할 수 있는 기회를 허락했다. 봄이 오고 여름이 오며 그 후에 가을이 찾아온다. 그리고 마지막 겨울이다. 그때마다 여러 변화가 찾아온다. 싹이 나고 꽃이 피고 열매를 맺고 수확의 결실이다. 이렇듯 우리에게 자연처럼 변화하는 능력이 있는가? 변화할 수 없으면 우리는 자연 도태가 되고 만다. 멸종된 동물이나 식물에서 그 증거를 찾을 수있다. 우리는 변화하고 그것을 위하여 최선의 노력을 하는 삶이 성공한 삶이다. 성격도 변화할 수가 있다. 두려움을 잘 타고 소극적인 성격이 몇 년 후에 적극적인 정반대의 사람으로 변한 것을 볼 수가 있다. 삶의 목적을 향하여 내가 변함은 진정한 가치가 있는 보람된 삶이다. 잘못된 습관, 행동, 감정에 묶여 있는 포로 생활에서 풀려나야 한다.

변화하는 몇 가지 방법은 다음과 같다.

① 변화가 필요한 부분이 무엇인지 적는다. 진정한 필요성을 느껴야 한다. 변화하고 싶은 여러 분야 중 비교적 쉬운 제목을 선택한다. 추상적인 것, 애매한 것보다는 현실적이고 진정 변화하고 싶은 작은 것, 실용적인 주제를 택한다.

② 변화하고 싶은 주제에 대한 자료를 수집한다. 구글이나 그 밖의 SNS에서 내가 실행할 수 있는 여러 가지 방법을 찾을 수 있는데 그중에 내가 할 수 있는 쉽고 간단한 방법을 찾아서 실행한다.

③ 내가 갖고 있는 강점을 최대 한도로 이용하여 목적 성취에 사용한다. 성격상 수줍음이 많지만 부지런한 성격이라면, 누구와 대화를 하는지 그리고 언제, 어떻게 시작하는지 자문을 하며 결과는 생각하지 말고 행동 개시를 하는 것이다. 행동은 자신감을 갖게 하고 절대적 동기부여의 역할을 한다.

④ 그동안 시도한 결과에 대한 분석이 필요하다. 일주일 간격 혹은 며칠 간격으로 결과에 로그인하면서 발전 상황을 분석하며 보완하며 개선한다.

⑤ 변화는 단시간에 이루어지는 것보다 인내와 꾸준함이 필요하다. 그 과정에서 변해가는 자신을 발견할 수가 있다. 변화되는 나를 발견하고 다음 단계의 어려운 과제를 갖고 동일한 방식으로 실행해보는 것이다. 의지만 있다면 변화하는 목적이 달성되는 것이다. 내가 원하는 사람, 혹은 추구하는 목적을 이미 이룬 것처럼 생각하는 훈련이다. 인간의 상상력은 무제한이요, 신비하다. 또한 성장과 변화에 지대한 도움을 준다. 인간의 뇌는 무엇이든 간에 자신이 옳다고 생각한 것에 의하여 행동한다. 공산주의 사상이나 이단 종교에 도취되면 그 모든 것을 따르는 것과 같이 변화하고자 하는 주제를 생각하며 이미 성취한 것처럼 생각하며 행동한다. 특정 성격을 닮고 싶으면 그 사람의 성격을 카피하며 의식적으로 행동하는 연습이다. 세부적인 것들을 하나씩 내 것으로

만드는 연습이다. 이러한 단계를 거치면 더 가깝게 원하는 곳으로 도착한다. 여러 가지 할 수 있는 여러 방법들을 동원해서 알맞는 방법을 찾아 세부적인 행동 강령을 단계적으로 실행한다.

신이 인간에게 주신 특권은 바로 변화할 수 있는 능력이다. 우리 모두는 잠재적인 탁월한 능력을 갖고 있다. 작은 것, 그리고 할 수 있는 것부터 시작해보자. 우리의 시작은 이미 반 이상은 성취가 된 것이다. 이러한 변화하는 능력을 통하여 인간은 새로운 세계를 창조하는 것이다.

'변화'는 우리의 존재, 생존에 달린 매우 중요한 부분이기에 아래 이어지는 내용을 통해 더욱 심도 있게 다루고자 한다. 자신감에서 제일 우선적으로 선행되어야 할 중요한 부분은 나의 생각 변화다. 세상 그리고 사람을 보는 눈, 그리고 나를 보는 관점을 다르게 하는 훈련이 필요하다. 나의 생각은 살아오면서 두려움, 의심감, 마음의 상처, 분노, 실패, 좌절 등으로 인한 불순물과 흠집이 많은 마음 상태로 변화되어왔다. 이로 인하여 부정적인 마음, 뒤틀린 생각이 나의 모두를 지배하고 있다. 나도 모르는 어두움의 그림자가 나의 주인으로 자리를 잡고 있다. 이로 인해 분별력, 그리고 판단력이 흐려져 올바른 생각이 상실되었다. 남이 하는 것은 다 잘되고 좋아 보이고 옳은 것으로 생각되고 나의 주관적인 견해보다는 남의 의견에 더 의존하고 나에 대한 신뢰감은 점점 잃어가고 있다. 삶의 핵심인 정체성, 자신감, 자존감, 판단력 부재로 인하여 미래가 보이지 않는 실패의 삶이 연속되는 것이다.

이것이 상당수 우리 삶의 현주소다. 여기에 제동을 걸고 마음의 정화 운동, 과감한 변화 운동이 필요하다. 나를 깨우는 작업이다. 나도 모르는, 두껍게 쌓여 있는 마음과 생각의 불순물 제거를 시작하는 것이다. 이것이 바로 변화의 시작이다. 곧 생각의 변화, 보는 시각의 변화다. 인간은 본래 탁월한 능력자로 지음을 받았다. 온 세상을 지배하는 능력자로 태어났다. 인간의 능력은 생각을 초월한다. 이것은 어느 특정인만 받은 것이 아니다. 인간이 만들어 놓은 업적들을 보면 쉽게 알 수 있다. 나에게도 같은 분량의 능력이 있다.

사회에서 두각을 나타나는 사람들의 특징을 보면 옳은

판단으로 변화를 하려고 부단히 노력하는 사람들이다. 모든 광물질에는 여러 이물질이 섞여 있다. 돌, 먼지, 불순물 등이 고집스럽게 붙어 있다. 이것을 깨끗히 골라내고 정제하는 작업이 필요하다. 귀금속일수록 정제 작업이 오래 걸린다. 특히 다이아몬드는 선명도와 색상이 생명이다. 그 후에 어떻게 세공을 했느냐에 의하여 값이 정해진다고 한다. 다시 말하면, 나의 보는 눈과 생각의 불순물을 제거하고 넓히고 선명하게 만드는 것이다.

실제적인 몇 가지 방법을 알아보자. 메말랐던 감정을 다시 복원하는 일이다. 평소에 대수롭지 않게 여겼던 자연의 아름다움, 경치에 마음 깊이 감탄하는 것이다. 자연과 계절의 변화에는 신비함이 있다. 멀리 보이는 흰 뭉게구름이 새파란 하늘과 함께 있는 광경, 아침에 환하게 동이 트는 밝은 하늘, 붉게 해가 지는 저녁노을의 멋진 광경, 멀리 산 위에서 보는 프리웨이에서 차들이 정연하게 질주하는 장면, 꽃이 피고 과일을 맺는 것, 척박한 사막에 연약한 꽃이 피는 것, 색상이 밝고 탐스런 꽃봉오리, 작은 생물, 나무, 꽃에 대한 오묘함과 아름다움에 순수한 감정을 갖는다. 그 밖에 여러 가지 평소에 느끼지 못한, 대수롭지 않은 것에 대한 새로운 좋은 감정을 다시 회복한다. 조그마한 것, 사소한 것에 대한 새롭고 아름답고 순수하고 신비한 감정을 가져보는 것이다. 이것은 우리에게 신선하고 강력한 에너지를 가져다준다. 그리고 살아 있는 새로운 역동감을 느끼게 한다. 마음에 쌓여 있는 여러 불순물들이 깨끗해지는 신선한 감정의 변화를 체험할 수 있다. 무겁게 눌려 있는 마음의 짐이 한순간 가벼워지며 입에서 노래가 저절로 나온다. 아침에 일어나 진심으로 오늘 하루를 축복하며 '오늘 모든 일이 잘될 것이다'라는 마음의 선포를 하는 것이다.

진정한 변화에는 인간 마음 깊이 잡고 있는 인간 본능을 깨우는 긍정적인 능력이 있다. 반복적인 연습을 통하여 마음에 자리 잡으면 쌓였던 마음속의 불순물들, 마음의 검은 구름들이 하나둘씩 제거가 된다. 나의 생각이 바뀌고 그것이 나의 새로운 긍정적인 성격으로 자리 잡는다. '새롭게 변화된 나', 변화된 '역동적이고 자신감 있는 나'를 발견할 수 있다.

상대방에 대한
배려

자신감의 대표적인 요인 중 하나의 특징은 자신보다 상대를 배려하는 것이다. 대부분의 인간관계는 대화에서 시작된다. 서로 이름을 주고받으며 서로의 관심사에 대하여 대화가 이어진다. 인간 사회에서 일어나는 모든 대화에서 최우선이 되는 알파는 무엇보다 자신의 의견보다는 상대의 이야기를 잘 경청하고 이해를 하려는 노력이다. 자기 주장보다는 상대의 입장에 서 있으려고 한다. 합리적이요 평등하게 생각을 하려는 경향이다. 진정한 자신감에서 나오는 결과라 보며 이타적이요 진실과 가치가 있어야 한다. '나는 할 수 있다'라는 일시의 감정과 자기 위안에서 나오는 외침이 아니다. 상대의 이야기를 잘 경청하므로 대화의 소통이 원활하고 결국 좋은 대화로 결론을 맺기 때문이다. 경청이라 함은 막연히 듣는 것뿐 아니라 동의도 필요하고 중요한 부분에서는 상대의 포인트를 세워주어야 한다. 몇 가지 중요한 포인트를 짚어보면, 상대의 말을 경청함으로써 그곳에서 내가 배울 수 있는 점을 찾는다. 상대의 다른 의견에서 또 하나의 의견이 다른 것도 깨닫게 된다. 따라서 동의하지 않더라도 상대의 말이 맞으면 과감히 인정하고 자신의 의견을 철회하는 것이다. 이것은 상대에게 굴복하는 것이 아니라 배우면서 차원 높은 자신감을 보이는 것이며 대화를 이끌어나가는 능력 있고 자신감 있는 리더의 솔직하고 담대한 모습이다. 아울러 자신의 뜻도 다른 면에서 상대와 같지 않다는 것도 표현한다.

　이렇듯 상대를 존중하고 배려하는 차원에서 또한 적극적인 반응을 보여야 한다. 상대의 말이 옳으면 인정해줄 뿐만 아니라 칭찬도 하고 고마움도 표시해야 한다. 본인의 이러한 반응에 상대방은 공격성이 없어지고 마음의 문을 여는 중요한 포인트가 된다. 포용력과 자신감이 없이는 시도가 어려운, 차원 높고 대단히 효과적인 방법이다. 상대의 틀린 점을 찾는 것보다 옳은 점에 중점을 두며 대하는 것이다. 인간의 습성은 잘하는 것보다 잘못된 실수에 더 민감하다. 어두운 면, 실수, 결점에 치중하다 보면 좋은 면도 모두 단점에 휩쓸려 묻히고 만다. 결국 온 세상이 비난, 공격, 싸움에 만신창이가 되어 상처만 남는 병든 사회

가 되고 만다. 모든 사람과의 원만하고 건전한, 밝은 세상
은 더 기대할 수 없다. 특히 이러한 배려는 외교와 비즈니
스 협상에서도 타협의 매우 중요한 포인트가 된다. 미국이
중국과 무역 협상을 할 때 중국의 역사는 물론, 유행하는
노래뿐 아니라 심지어는 대표의 딸에게 중국의 고유 옷을
입히고 협상 장소에 나왔다고 한다. 상대방의 마음 문을
열게 하여 협상이 큰 문제없이 '윈윈' 하는 결과를 가져온
다. 협상의 말은 진정성이 내포된 말이어야 한다. 일방적
인 대화가 아닌 상호의 대화가 필수적이다. 긍정적이고 밝
은 대화는 좋은 결과로 이어진다. 대화가 잘된다는 확신
과 희망을 갖고 임하기 때문에 장애물이 없다. 상대방에
게도 같은 감정을 갖고 임하게 된다. 무엇보다 쌓였던 감
정의 벽이 무너지고 오해가 풀린다. 대화의 주제가 어려운
토픽이라 할지라도 걸림돌 없이 진행된다. 결국 서로 '윈윈'
의 결과를 가져온다. 대화를 적극적, 긍정적으로 다음 안
건으로 리드할 수 있는 조건이 된다. 이러한 방법은 누구
한테든지 적용되는 배려의 원칙이다. 심지어 대화가 두절
되기 쉬운 식구, 자식 관계에서 더욱 필요하다. 이제는 계

급의 상하와 연령을 불문하고 옳으면 인정하고 칭찬하고 격려하는 마음이 절대 필요하다. 이러한 훈련은 자신감의 배양에 지대한 공헌을 한다.

상상력의
절대적인 효과

내가 되고 싶은 인생의 목적, 방향, 그리고 인물은 무엇인가? 누구든지 내가 원하는 궁극적인 삶의 목적을 가지고 있다. 그리고 닮고 싶고 존경하는 인물이 있다. 전쟁 영화, 명작 영화를 보고 나면 내가 그 주인공이 된 것처럼 한동안 착각에 빠진다. 물론 얼마 있다가 사라지지만 청소년기에 나는 자주 영화의 주인공이 된 착각에 빠졌던 일이 기억난다. 상상력은 어려서부터 시작되는 훈련이 필요하다. 성장기에 있는 아동에게 많은 질문을 하여 그들의 상상력을 기르는 훈련이다. 또한 자신에게도 수시로 물어보는 방법은 매우 효과가 크다. 자유스러운 토론의 장을 자주 갖는 환경이 필요하다. 옳고 그름보다는 풍부한 상상력으로 인간의 한계를 넘어서는 여러 다양한 아이디어를 얻을 수 있다. 몇 대표적인 대기업에서는 각 부서의 핵심 책임자들이 다른 한 지점에서 정한 시간에 모여 강력하고 획기적이며 농축된 아이디어를 얻기 위하여 Brain Storm Session을 정기적으로 갖는다고 한다. 모든 상상력을 동원하기 때문에 평소 상상하지 못하는 귀중한 정책이 채택된다고 한다. 그것에 대한 큰 포상도 제공하는 것이다. 상상력을 동원하여 무엇이든 창조하는 선구자 역할을 한다. 미국이 세계를 리드하는 제일 큰 원인은 그들의 교육 방법에 많이 기인한다. 대부분의 첨단 기술, 문화 등 여러 분야에서 미국의 주도권이 없는 곳이 거의 없다. 어려서부터 상상력, 창조력을 제일 중요하게 여기고 학교에서 여러 가지 동기부여와 장려 학습 과정에서 매우 중요하게 교육시킨 이유다. 그러나 특히 한국은 기존의 틀에 적용하는 것, 외우는 것 등에 치중한 나머지 상상력과 창조성이 상당히 결여되어 있다. 자신을 나타내는 표현력이 상당히 뒤떨어진다. 자신의 장점, 의견, 주장을 상대에게 효과적으로 전달하는 것은 필수 요건이라고 본다. 문화와 생각에서 오는 여러 사회 관습에 의하여 동양권에서는 미덕이 아니라는 지배적인 생각이 있기 때문이다.

'큰 인물이 되려면 원대한 큰 꿈을 가져라'라는 말을 부모나 선생님들이 하곤 한다. 한때 내가 원하는 성공한 사람들을 머리에 떠올리며 그들을 닮아보려고 한 적이 있다. 인간의 뇌는 내가 원하는 생각에 의하여 선과 악이든 혹은 현실이든 비현실이든 그곳에서 내가 주인공이 된 것처럼 빠져든다. 쉽게 말하면 내가 강력한 자신감을 진정 갖고 싶다고 하여 '나는 강하다' 혹은 '어떤 상황에서도 절대 위축되지 않는다'라고 마음속에 상상하고 외치고 확신하면, 자신감 넘치는 멘탈로 변하는 것이다. 마음속 강력한 원함과 열정을 가지고 어떠한 힘든 상황에서도 잘할 수 있다는 의식적인 훈련이다. 잘된다는 상상의 생각에는 대단한 능력이 있다. 왜냐하면 그것은 나만 하는 것이 아니고 보이지 않는 능력의 손길이 함께하기 때문이다. 세계 정세는 시시각각으로 변하고 있다. 주위의 모든 것에서 상상력에 의한 새로운 첨단 기술들이 넘쳐 나오고 있다. 나의 미래의 생활상을 상상하며 설계를 해보자. 일 년, 오 년, 십 년 후에 나의 삶을 상상해보자. 미래의 삶에 대한 설계와 청사진을 상상하며 다시 계획해보자.

이러한 훈련에는 강한 효과가 있다. 구약성경에 나오는 젖과 꿀이 넘치는 가나안 정복에 나서는 유대 민족들을 상상하게 된다. 약속의 말씀을 상기하고 설레는 마음으로 상상하며 용감히 가나안 땅에 도착하는 과정에서 여러 이방 민족들의 수없는 저항과 침략을 받고 열악한 상황에 대비하며 끝까지 투쟁하며 정복한 것을 볼 수 있다. 매일 바쁜 생활과 쳇바퀴 도는 일상의 삶에서 상상하며 새로운 창조적, 도전적 아이디어를 얻는 것은 결코 쉬운 일이 아니다. 그러나 잠시 숨을 고르고 쉬는 나만의 절대적 공간이 필요하다. 우리의 정신은 육신과 마찬가지로 쉼표가 있어야 한다.

하루 아침을 시작할 때

오늘도 잘되는 하루!

오늘도 축복의 하루!

오늘도 감사의 하루!

이 모든 것을 상상하며 온 세상을 향하여 외처본다.

선택의 기로

I have not failed. I've just found 10,000 ways that won't work.

나는 실패해본 적이 없다. 다만 효과 있는 만 가지 방법을 찾았을 뿐이다.

- Thomas Edison(토마스 에디슨), Inventor(발명가)

선택은 우리 삶의 전부다. 우리 삶의 필수적인 요소다. 선택으로 인하여 각자의 삶의 운명이 결정된다. 삶 전체가 선택에 의하여 이루어진다. 변화와 선택은 우리 삶의 모두를 차지하는, 매우 귀중한 주제다. 직접적으로 연관이 있어 상호 도와주는 역할을 한다. 아침에 일어나면 무엇을 할지, 누구와 만날지, 무슨 대화를 할지 등 여러 선택과 선택의 연결에 의하여 하루의 삶이 이루어진다. 제과점 진열장 안에 있는 여러 종류의 빵과 제과를 보며 어느 것을 선택할지, 백화점에 있는 수많은 옷 가운데 어느 옷, 어느 구두를 살지 매일 수많은 크고 작은 선택의 기로에서 고민하다 성공이냐 실패냐 하는 길로 간다.

선택이란 과연 무엇인가? 선택이 나를 만들며 삶이 되

며, 인생의 모든 결과를 만든다. 많은 사람들은 잘못되면 흔히 인생을 팔자, 운명이라는 단어로 정의를 내린다. 기구한 운명, 실패자의 운명 등 그러나 대부분의 그것은 본인의 잘못된 선택에 의한 결과다. 팔자가 잘 타고났다 혹은 기구하다는 말은 바로 자신의 선택에 열쇠가 있다. 물론 최선을 다했으나 결과가 예기치 않은 방향으로 갈 수가 있다. 세상의 모든 일이 내가 선택하는 곳으로만 갈 수는 없다. 그러나 쉽게 소위 팔자라는 말로 나의 삶을 정의하고 책임을 회피한다면 나의 나머지 삶은 실패의 삶, 피곤한 가시밭길을 걷는 인생이다. 원인과 이유는 여러 가지 원인에서 온다고 보는데 무엇보다도 분별 없는 결정, 사고력이 결핍된 행동에서 나온다. 삶에 대한 통찰력, 분석, 예방, 의무와 책임 등의 잘못된 선택에서 나온 이유다.

누구나 선택의 기준은 같지 않다. 성격, 자란 배경, 유전인자 등에 의하여 결정된다. 누구나 완벽한 선택이라는 것은 불가능하다. 정보 부족으로 잘못된 선택을 할 수 있다. 바로 실패요 실수라는 인간의 부족한 면이다. 그러나 이성적인 생각, 배움, 인생에서 얻어진 경험 혹은 실패를 통한 깨달음으로 인하여 올바른 선택을 할 수 있다. 우리 모두 후회 없는 성공자의 선택을 하여야만 한다. 미국의 인기 가수 프랭크 시나트라의 히트곡 중에 우리에게도 널리 알려진 'My way'라는 곡이 있다. 가사 내용을 보면 '지금 삶의 마지막이 가까워왔네. 생의 마지막 커텐을 내릴 때가 되었네. 친구야, 나는 충실히 살아왔고 내 방식대로 살았지. 사랑도 했고, 울기도 했고, 웃기도 했지. 소유하는 만족감도 맛보고, 잃어버리는 좌절감도 겪었지. 지금 생각해보면 부끄럽지 않은 인생이었지. 사람이란 무엇을 성취해야 아는가? 자신을 지키지 못하면 아무것도 없지. 나의 감정을 솔직히 이야기할 수 있어야 하네. 비굴한 자가 되어서도 안 되지. 나는 내 방식대로 살아왔어. 최선을 다하며 산 것, 그것이 바로 내 길이라네.'

The self is not something ready-made, but something in continuous formation through choice of action.

자아는 이미 만들어진 성품이 아니라 끊임없는 선택의 행위를 통해 형성되는 것이다.

– John Dewey(존 듀이)

만능열쇠 자신감

'나는 하는 것마다 안 된다', '당신은 가만히 있는 것이 돈 버는 것이야' 등 자주 듣는 이야기다. 과연 그 말이 옳은지? 그러면 그 이유는 무엇인지? 후회 없는 삶이란 최선의 삶의 선택을 한 것이다. 온전히 선택과 최선을 다했다는 삶이다. 최선의 선택을 하는 것밖에 우리가 할 수 있는 것은 아무것도 없다. 또한 그 결과를 겸허하게 받아들이는 것이다. 그리고 중요한 것은 따르는 책임 의식을 갖는 것이다. 결과에 만족하든, 실패가 되었든 간에 인정하고 수용해야 한다. 환경과 남의 이유를 대면 안 된다. 대신 도약의 교두보로 사용하면 된다.

잘못 선택된 동기의 몇 가지 동기들을 적어본다.

① 내 선택의 동기가 돈, 권력, 욕심 그리고 명예의 동기?

② 내 선택의 의도가 노력 없이 쉽게 얻으려 하는 동기?

③ 내 선택이 소설이나 영화에 나오는 환상이나 꿈같은 동기?

④ 내 선택이 과거의 실패나 어려움의 아픔을 잊으려는 도피성, 혹은 보복의 동기?

⑤ 내 선택이 심사숙고하지 않은 동기?

대부분 위의 동기 중 하나에 속한다. 올바른 선택은 어떻게 하여야 하는가? 선택에는 예기치 않은 위험이 따른다. 우리 삶에는 항상 크고 작은 모험이 수반된다. 모든 것이 처음에는 좋게 보이나 결과는 반대로 전개되고 또한 조금 부족해 보이나 결과는 좋게 나오는 것들이다. 예견하기 힘든 부분이 있으나 선택의 중요성은 평소의 훈련이다. 각 개인의 삶에 대한 올바른 생각이 정립이 되고 질서 잡힌 생활 습관이 필요하다.

또한 삶의 선명한 계획이 없으면 판단의 기준이 흩어지고 우왕좌왕 잘못된 허상을 찾기 때문이다. 그리고 내 뜻대로 안 되면 쉽게 포기한다. 인내를 갖고 기다려야 열매를 거둘 수가 있다. 인생은 하는 일마다 성공할 수는 없다. 그렇다고 실패의 결과만 반복되지 않는다. 제대로 선택하고 최상의 노력을 했다면 그 결과 큰 보상이 따르는 것이 원리고 원칙이다. 이렇듯 우리 각자 평소의 삶의 태도에 달려 있다고 본다.

매일의 바쁜 스케줄 가운데서 현실을 올바로 판단하는 훈련이 필요하다. 무질서한 삶, 준비 없는, 즉흥적인 삶에서 올바른 선택은 기대할 수 없다. 올바른 선택에 지대한 영향을 주는 요인은 감정이라는 존재다. 우리는 대부분 감정에 매여 산다. 감정이라는 멋진 포장, 순간적 신기루 같은 환상에 젖는 것이 결국 잘못 선택하는 원인이다. 올바른 선택이란 올바른 삶에서 나온다. 절제 있는 감정의 훈련은 실수를 미연에 방지할 수 있도록 한다.

우린 팔자라는 말을 자주 듣는다. 혹은 조상 때부터 내려온 유전적인 소산이라고 한다. 물론 듣고 보고 자란 것 혹은 성격과 습관도 유전으로 내려올 수 있다. 그러나 이러한 좋지 않은 대물림도 자손에게 남겨줄 수는 없다. 이렇한 저주는 나의 삶에서 끊어야 한다. 나쁜 유전에서 오는 습관도 내가 좋아하고 받아주니 계속 연결되어간다. 의식적으로 멀리하는 훈련이 필요하다. 하나둘씩 하다 보면 내성이 생기고 그것에 대한 성취감 그리고 자부심을 갖게 된다.

어느 곳에 선택의 기준을 두어야 하는가? 중요한 대목이다. 우린 흔히 마음에 끌리는 곳, 열정이 있는 곳에 너의 중심이 있다고 한다. 틀린 말은 아니다. 그러나 나의 감정과 끌림이 옳지 않다면 나의 삶은 배가 산으로 올라가는 불행한 결과를 가져온다. 감정도, 마음의 끌림도 중요하다. 그러나 더 중요한 것은 현실적이고 진실되고 이성적인 것에 접목시키고 조화스런 포커스를 맞추어야 한다. 이웃과 사회에 해가 되지 않고, 건설적이고 생산적인 면이 포함된다. 수시로 바뀌는 것이 인간 감정이다. 저녁에는 이것에 관심 있다가 아침에는 다른 생각을 하게 된다. 감정의 특징은 당시의 나의 상황에 의하여 쉽게 좌우되며 가끔 허황된 것이 멋지게 포장되어서 나타난다. 나의 여건과 주어진 현실을 파악하고 주위 영향에 흔들리지 않아야 한다. 모든 결정은 현실을 무시할 수 없다. 또한 연결된 주위의 관계성을 중시해야 한다. 내 삶이고 내가 인생의 주인공이기 때문이다.

내가 가야 할 길이 있다. 남의 것을 모방해서는 안 된다. 또한 현실에 치중하여 그곳으로만 갈 수도 없다. 유행과 트렌드는 늘 바뀌기 때문이다. 모두가 생각과 형편이 같지 않다. 어느 곳에 선택의 기준을 두어야 하는가? 현실에 맞는가? 건전한 목적인가? 혹 실패하더라도 자구책이 마련되어 있는가? 중요한 대목이다. 물론 끌림이 현실과 맞지 않게 오랫동안 한곳으로 갈 수 있다. 그곳에 꿈과 진실이 있을 수 있다. 그렇다면 온 열정과 훈련과 단단한 각오를 통하여 뼈를 깎는 노력이 수반되어야 한다. 중요한 선택을 할수록 시간의 여유를 갖는다. 두 번째는 한 번 실패한 일을 다시 선택해서는 안 된다. 잘못된 선택은 한 번이면 족하다. 물론 모든 결과는 어떻게 하는가에 달렸다. 또는 해봐야 알 수 있다. 어려운 결단일수록 현실과 자신의 판단을 점검할 필요가 있다. 그래도 마음에 크게 감동이 온다면 그곳에 최선의 선택을 하고 일단 결정된 사항은 결과가 어떻든 간에 인정해야 한다. 이렇듯 결정에는 나의 책임이 뒤따르고, 그것을 받아들여야 한다. 인내와 최선의 노력이 따른다.

인생은 모험이요, 미지의 생활을 개척하는 생활이다. 남을 비난하지 말고, 세상의 주위 형편을 비난해서는 안 된다. 선택에 대한 책임은 전적으로 내 몫이다. 한 번의 결정은 책임이 따르고 인내와 노력이 필요하다. 아무리 처음에 좋아 보여도 올바른 판단, 선택이 관건이다. 문제는 연속적인 잘못된 선택이다. 많은 사람들이 이 오류에 넘어진다. 다시 반복될 수 있는 문제를 쉽게 잊고 과거의 동일한 실패에 다시 빠져든다. 이러한 함정을 막기 위하여 나 자신을 아는 것은 무엇보다 중요하다. 대부분은 내 자신을 어느 정도 알고 있다. 그러나 평소에 자신에 대하여 별로 중요하지 않게 생각하기 때문에 지나쳐버린다. 자신을 심도 있게 분석할 필요가 있다. 이것에는 솔직한 객관적인 판단이 필요하다. 나의 약한 점을 모두 적어본다. 나의 강한 점도 모두 적어보자. 특히 약한 부분에는 더 심사숙고한 선택이 이루어져야 한다. 혼동이 온다면 믿을 수 있는 멘토 혹은 전문가와 상의를 해보는 것이다. 지금의 계획과 결정할 문제를 두고 나의 약점 그리고 강점에 연결시키며 분석을 해본다. 결론에 가서 예기치 못했던 문제점과 그 해결 방법을 얻게 된다.

이런 과정을 통하여 실수에 대한 사전 예방과 선택에 대하여 더 확신을 갖게 된다. 결과에 관계없이 후회 없는 나의 선택이다. 혹 실수를 했다면 전보다 작은 실수가 될 것이고 다시 시작하면 된다. 실패가 따르더라도 깨어 있는, 현명한 나 자신을 발견할 것이다.

You can do anything in this world, if you are prepared to take the consequences.

결과를 받아들일 준비가 되어 있다면 세상에 못 할 일이 무엇이 있겠는가?

- Somerset Maugham(서머셋 모옴)

성취감의 파워

성취감과 자신감은 바로 연결이 되어 있다. 우리의 일상생활에는 해야 할 수많은 과제들이 있다. 작은 일, 큰일이든 간에 무엇인가 성취하면서 사는 것이 인생이다. 역동적인 자신감을 주는 주제는 성취감이다. 온전한 성취감에는 만족감과 보람, 행복감이 따르고 그 결과 에너지, 바로 자신감이 생긴다. 우리의 일상은 대부분 정해진 계획, 의무에 떠밀려 의무적으로 또한 수동적인 자세로 임한다. 물론 이러한 마음은 삶을 무기력하게 또한 쉽게 피곤하게 한다. 혹 문제가 해결되지 않으면 쉽게 좌절하거나 쉽게 스트레스를 받는다. 결과로 부정적인 생각과 두려움이 찾아오고 쉽게 포기하며 좋은 결과를 얻지 못한다.

모든 과제에는 항상 크고 작은 방해물이 따른다. 그러나 이러한 수동적인 자세에서 적극적이며 능동적인 그리고 해결 지향적인 마음을 갖고 임하면 일에 활력소를 찾는다. 그것들이 성취되면 바로 위대한 자신감으로 연결된다. 중요한 것은 우리들의 일에 대한 각자 마음의 태도가 무엇보다 중요하다. 온전한 성취감은 어떻게 얻어지나? 평소 성취감이라는 말이 마음에 와닿지가 않는다. 의무적, 혹은 해야만 하는, 그리고 강제성으로 매일 주어진 일이니 별로 흥미 없는 무감각적인 자세로 임한다. 그러나 이렇게 매일 사소하게 보이는 일에는 도전을 주는 요소가 내포되어 있다. 무의식적, 의무적으로 대하는 것이 아니고 일에 대한 새로운 자세를 가지고 임하는 의식적인 훈련이 필요하다. 이런 반복된 훈련의 결과로 성취된 것들을 하나씩 떠올리며 기쁨, 보람, 에너지, 감사의 감정을 의식적으로 느껴보는 연습이 필요하다. 이러한 과정을 통하여 사소한 과제를 성취하는 데 적극적이고 최선을 다하여 수행할 수 있다. 결과는 대부분 계획된 좋은 방향으로 이루어진다. 중요한 포인트는 하루 일을 마감하고 조용한 시간에 오늘도 과정을 생각하고 성취된 자신감에 잠겨보는 것이다. 의식적인 기쁨을 맛보는 것이다. 물론 잘되지 못한 것도 있다. 그러나 포커스는 잘된 것에, 그리고 최선을 다한 것에 맞추는 훈련이다.

우리의 삶은 조직적이거나 해결 지향적이지 못하다. 순

서 없이 즉흥적으로 사는 것이 대부분이다. 예기치 않은 복병에 막혀 쉽게 포기를 한다. 이것에 대비하기 위하여 하루의 플랜을 구상하는 습관은 곧 그날의 과제에 대한 성취를 더하는 큰 도움이 된다. 우선 나의 장점과 강한 점, 나의 힘이 되는 것들이 무엇인가를 연구하자. 남들이 잘한다고 칭찬하는 것들, 장점, 그리고 힘을 받을 수 있는 것 등에 집중을 하여야 한다. 나의 잠재된 가능성을 발견하고 능력을 성장시키는 것이다. 이것들은 나의 약점을 포용하고 극복할 수 있는 원천이다. 이러한 장점들에 대한 여러 실제 자료들, 상 받은 것, 이 메일, 노트, 자료들을 모아 파일을 만들어 자주 보는 습관을 갖자. 일이 안될 때, 낙심될 때 꺼내어 본다. 큰 응원군이 된다. 칭찬이 없고 비난만 있는 도전은 실패하기 쉽다. 나 자신에게 힘을 줄 필요가 있다. 자화자찬도 필요한 큰 힘이 된다.

다음은 많은 것을 순서 없이 하는 것보다 적은 숫자라도 내가 원하고 가치 있고 실행 가능한 것에 무게를 둔다. 마음에 동기부여를 시켜주며 에너지를 갖게 한다. 여러 가지에 관심과 노력을 기울인다면 초점과 중요성이 흐려질 수가 있다. 시간의 낭비와 헛된 수고가 된다. 수많은 사람들과의 교제도 좋지만 나와 가치관과 이야기가 맞는 사람들과 친근하게 지내는 것이 더 좋다.

마지막으로는 나의 힘을 빼앗는 것들은 무엇인가? 대표적인 것은 시간을 허비하는 것이다. 특히 COVID-19의 후유증으로 Social Media에 너무 시간을 빼앗겨 소재가 부정적이고 악한 음모, 폭력적인 소재의 영화에 많이 접하게 되었다. 그 결과 우리의 성격도 폭력적, 부정적인 시각으로 바뀌었다. 인내가 없어졌다. 이해하는 것보다 분노, 원망, 복수심이 마음에 자리 잡은 것을 볼 수 있다. 오랫동안 혼자 있는 생활에서 오는 결과 악영향을 받은 것이다. 갑자기 늘어나는, 현실과 맞지 않고 동떨어진 유튜버들의 영상들이 우후죽순으로 늘어나 마치 그 영상이 일확천금이라도 가져다주는 신기루 같은 환상에 사로잡혀 그것이 제일 이상적인 것처럼 생각되어 무엇이든 시도조차 하지 않는다. 쉽고 멋지게, 인생을 살며 쉽게 돈을 버는 그들의 허황된 삶들을 보게 된다. 물론 그들도 많은 구독자를 모으기 위하여 모든 힘든 준비 과정과 정성을 그곳에 다 쏟으며 준비한다. 그 가운데는 우리에게 유익한 정보나 지식을 가져다주는 소셜 미디어들도 많이 있다. 하지만 동기부여에 대해 매우 악영향을 미치는 영상이 의외로 많이 있다는 사실이다. 우리의 삶에서 남의 결점이나 가십을 이야기하면 나의 에너지가 소진된다. 그 밖에 중요하지 않은 일에 시간과 감정이 노출되면 힘이 빠진다. 이것들은 알게 모르게 우리 주변에서 항상 그리고 매일 일어나는 일이다.

하루의 계획을 점검하는일이 필요하다. 물론 다음은 적은 콘텐츠 면에서 실질적, 구체적 실행으로 들어가보자. 매일의 할 일들을, 중요한 것부터 순서대로 things to do 리스트를 적는 연습이 필요하다. 적는 습관은 매사에 상당히 중요한 효과가 있다. 무엇보다 성취도와 집중도를 높여준다. 생각이 복잡하면 잊고 제대로 못하는 일들이 많다. 중요한 그날의 우선순위를 일목요연하게 알 수 있다. 기록으로 말미암아 문제들을 효과 있게 우선적으로 처리하고 사전 방지하며 또한 중요한 부분을 놓치지 않는다. 처음에는 쉬운 과제들 우선적으로 적어본다. 왜냐하면 그 성취도가 높기 때문이다. 중요한 사실은 성취도가 많을수록 자신감의 강도는 높아진다는 점이다. 처음부터 어려운 과제를 먼저 시작하면 실패하기 쉽고 포기를 하게 되며 또한 다음 계획으로 진행하기 어렵다. 성취도가 작으면 만족도가 떨어지고 일에 대한 동기가 없어진다.

다음은 과제에 대한 문제가 생길 것을 대비하여 따르는 모든 해결 가능한 옵션과 대책들을 적어본다. 이것은 해결책을 마련하는 현실적인 생각의 훈련이다. 이러한 과정을 통하여 예기치 않은 변수가 생길 때에 대비하기 위한 '그럼 해결책은?'이라는 자문을 하고 올바른 답변과 또한 차선책을 얻어내는 방법이다. 해결 가능한 방법과 옵션을 나름대로 모두 다 적어본다. 여기에는 세 가지 목적이 있다. 첫째는 흩어진 마음을 한곳으로 모아주고 정리해주며 둘째는 문제들이 나오면 현실적으로 해결할 수 있는 능력을 키워준다. 해결책을 보는안목과 능력을 키우고 할 수 있는 가능성을 만든다. 다시 말하면 문제로 보는 것보다 해결 위주의 사고를 키우는 것이 중요하다. 이러한 훈련이 되면 또다른 문제들에 대한 해결책들이 쉽게 생각이 떠올라 큰 문제 없이 쉽게 해결책을 얻을수가 있다. 셋째는 성취 위주의 일과가 되기 때문에 하루 주어진 시간을 낭비하지 않고 많은 수확을 거둘 수 있다. 일단은 최선을 다했다는 후회없는 생각이다. 마지막 중요한 다음 단계의 훈련은 하루 일과를 마치고 성취된 제목 하나하나를 생각하며 이에 대한 감사함과 만족감을 습관적으로, 의식적으로 갖는다.

이렇게 반복하여 하다 보면 점차적으로 문제에 대한 자신감이 생성된다. 물론 과제의 성질에 따라 복잡하며 시간을 요하는 것도 있다. 다음의 프로젝트도 '해보자'라는 긍정적인 마음의 감동이 온다. 이러한 과정에서 습관적, 의식적으로 성취감과 그 기쁨의 감정을 느껴보는 것이다. 이것은 쌓이는 작은 성취에서 오는 보상의 기쁨, 보람으로 강력하고 지대한 자신감을 주는 결정적 파워 부스터 역할을 한다. 하루의 여러 일과를 이루어냈다는 '뿌듯함'과, '자신감', '감사함', '기쁨', '나도 할 수 있다'라는 '용기', '도전', '동기부여' 등의 긍정적이고 강력한 자신감을 얻는다. 일단은 최선을 다했다는 성취감, 만족감을 얻는다. 혹여나 잘못되는 일이 있더라도 최대한 노력을 다했다는 생각에 아쉬운 감은 있더라도 후회감은 없다. 이것이 습관화되면 자동적으로 성취 위주의 삶으로 바뀌어진다.

이 모든 훈련은 해결 중심의 훈련이다. 문제를 문제로 보는 것이 아니고 해결 중심의 생각을 갖는다. 이것은 무엇보다도 일에 임하는 최선의 적극적인 자세다. 어려운 과제라도 막상 부딪치고 보면 별것이 아니라는 것이 도전에 대한 자신감이 결론이다. 의외로 다른 해결의 방향과 방법이 생기고 또한 문제 내에 해결책이 있다는 것을 발견하고 그것을 통하여 배우게 된다. 우리에게는 흔히 선입견으로 이것은 안 된다, 혹은 어려울 것이다 하는 생각이 먼저 떠오른다. 이러한 생각은 나의 발목을 잡고 해결의 다음 단계로 나가지 못하게 한다. 우리의 일상적 훈련은 크고 거대한 것보다는 주위의 사소하고 작은 것부터 시작된다. 이런 과정을 통하여 큰 프로젝트도 큰 두려움 없이 할 수 있는 능력이 생긴다. 주어진 일들을 더 많이 효과적으로 마칠 수가 있다. 이러한 과정들로 일들을 대하는 나의 마음의 자세가 확연히 바꾸어진다. 어렵게 생각되는 것도 하면 될 것이라는 확신으로 찾아온다. 부정적인 것에서 긍정적으로, 결국은 귀중한 자신감으로 이어진다.

　모든 일이 나에게 즐겁게 생각될 수만은 없다. 지나간 과거의 일을 보면 조금 망설여지는 일들이 결국은 좋은 결과를 맺는 경우가 많다. 혹시 좋지 않은 결과가 나오더라도 일단 시작이 됐다면 염려할 것이 없다. 첫술에 배부른 것은 세상에 하나도 없다. 나의 마음의 자세가 어떠한지 점검해야 한다. 시작하기 전 잘될 것이라는 긍정의 마음은 필수적이다. 상상을 하며 잘될 것을 기대하며 머리에 그려보는 습관이다. 세상에는 보이지 않는 응원군들이 많다. 그 힘들을 우리는 내 편으로 불러내야 한다. 바로 잘될 것이라는 마음과 말의 표현이다. 이 말은 세상을 향한 곧 축복의 메시지다. 항상 불평과 부정적인 말과 생각을 갖고 있는 사람의 형편을 보면 그 말대로 되는 일이 없다. 그의 주위에는 응원군은 없고 적군만 존재한다. 산에서 함성을 지를 때 메아리로 '안될 거야!'라고 소리를 지르면 그대로 나에게 '안될 거야'라는 똑같은 메시지가 응답이 되어서 돌아온다. 나의 생각과 입에서 나오는 내용이 중요하다. 내가 잘되리라 명령을 내리는 것은 좋은 훈련 방법이다. 혹여나 잘되지 않더라도 계획을 수정하여 다음에는 잘될 수 있다는 믿음의 확신을 갖는 것이다.

매사에 스스로 선포를 하는 훈련을 해보자. 조그만 일에 성취감을 갖는 것, 결국은 큰일도 성취할 수 있는 자신감의 첩경이다. 삶에서 성취도가 높을수록 담대함, 에너지와 능력, 자신감이 넘쳐나온다.

습관의
위대한 능력

The unfortunate thing about this world is that the good habits are much easier to give up than the bad ones.

사람들이 나쁜 습관보다 좋은 습관을 일찍 포기하는 것은 실로 안타까운 일이다.

- Somerset Maugham(서머셋 모음), Writer(작가)

우리의 일상은 매일매일 같은 일의 연속이다. 대부분 습관적으로 주어진 일을 하고 있으나 그뿐이요, 정해진 순서에 따라 할 뿐이다. 특별한 자극이 없다. 흥미가 없고 임팩트가 없는 삶이다. 똑같은 일을 반복하다 보니 습관이 된 무료한 삶이다. 수많은 SNS의 매개체에서 새로운 정보와 지식이 넘쳐나고 아침저녁의 정보가 다르게 변화되는 게 현실이다. 이처럼 빠르게 변화하는 삶의 페이스 가운데 도전적인 자극을 받지 못하고 무감각한 마음, 곧 우리의 삶이 수동적으로 변해가고 있다. 무심코 정해진 일들과 순서와 패턴에 의한, 무감각하고 생각이 없는 매일의 삶이다. 자신도 깨닫지 못하는 삶의 적신호가 찾아오

만능열쇠 자신감

는 것이다.

우리의 삶은 평소 습관에 의하여 좌우된다. 개인을 알려면 그의 삶의 습관을 보면 그를 대표한다고 본다. 삶 가운데 활력소와 에너지를 만들려면 나의 습관에 대한 연구와 분석이 필요하다. 수동적으로 주어진 일만 하는, 그리고 환경에 휩쓸려가는 감정의 습관에서 벗어나 변화에 역점을 두고 적극적이며 긍정적, 창의적 모드로 바뀌어야 한다. 우리의 삶을 전반적으로 관찰할 필요가 있다. 우리의 일상 습관을 전반적으로 점검하며 집중적인 연구가 필요하다. 매일 하고 있는 일상의 습관들을 있는 그대로 모두 적어본다. 여러 번 언급했지만 우선 입에서 나오는, 습관적으로 사용하는 것은 '말'이다. 흔히 무심코 내뱉는 말들이 부정적인지 혹은 긍정적인지 생각해본다. 말은 그 능력의 힘이 크기 때문이다. 부정적인 말이 대부분이라면 이것은 대단히 잘못된 습관이다. 나의 입에서 불평에서 나오는 '죽겠다'라는 단어는 지워야 한다. 물론 한편으로 표현에서 의미를 강조하는 의도에서 나오는 것이지만 우리에게 주는 이미지는 부정적인 컨셉이다. 이렇듯 습관적으로 내뱉는 부정적인 말의 위력은 대단하다. 이런 부정적인 표현은 마음속 깊이 자리 잡아 우리의 능력을 파괴하고 있다. 우리 자체 내에서 생성되는 에너지와 가능성이 부정한 말들로 인하여 사장되고 그 자리에서 정체되거나 포기하는 삶이 된다.

비슷한 예로 상대의 약점만 보는 생각의 악습관도 반드시 제거되어야 한다. 남의 결점은 흔히 주고받는 가십에서 나온다. 우리도 모르게 남의 비밀, 추한 면에 주제가 되어 가십을 하다보면 그것이 마치 좋은 즐거운 시간이 이루어진 것처럼 생각하고 있다. 남의 좋은 미담, 덕담, 이야기 외에 쓸데없는 이야기는 의식적으로 중단하는 연습이 필요하다. 에너지를 소진시키고 쓴 마음 외에는 결국 남는 것이 없다. 위에 언급한 버릇은 마음에서 독버섯처럼 세력을 확장하여 자신은 물론 어두운 이웃과 관계와 사회를 만들고 있다. 부정적인 면, 상대의 결점 등에서 오는 부정적인 컨셉의 악영향은 엄청난 힘이 있어 우리의 온전한 생각을 방해하고 있다.

우선 손쉽게 할 수 있는, 나의 말에서 시작하는 올바

른 습관을 갖는 것부터 시작해본다. 대화에서 가치 없는 풍문, 가십만 듣고 나면 쉽게 피곤함을 느낀다. 그러나 긍정적인 대화는 우리의 마음을 기쁘게 하고 또한 에너지를 가져온다. 매사에 부정적인 눈에서 긍정적인 시각으로 바라보는 습관, 남에 대한 가십을 점차 줄여가는 습관, 칭찬의 말, 고맙다는 말 등을 자주 하는 습관, 감사의 눈으로 보는 습관, 그 밖에 평소 사용하는 말의 긍정적인 변화 등 삶의 일상에서 일어나는 평범한 것들로부터 시작하는 시도가 중요하다.

　말에는 생명력이 있다. 말한 대로 이루어진다. 말에서 거대한 우주는 탄생이 됐다. 그만큼 위력이 대단하다. 부정적인 말 그리고 실패의 어두운 말을 자주 하면 나의 생활도 매사에 잘되는 일이 없다. 말에 발이 있어 수백 리, 수만 리 길을 간다. 말로 천 냥 빚을 갚는다. 한번 밖으로 나간 말은 다시 불러들일 수가 없다. 우리는 양질의 자료를 받아들여야 한다. 마음에 쓰레기만 주워 받으면 우리 입에서는 쓰레기들만 나가는 것이다. 말로 국가 간에 전쟁이 없어지고 이웃과의 화평을 불러온다. 이것이 말에서 나오는 에너지와 능력이다. 말에서 중요한 것은 의식적으로 꾸준히 인내를 갖고 해보는 것이다. 이런 의식에서 탈피하는 방법을 다뤄보고자 한다.

우선 힘을 주는, 즉 동기부여가 되는 포인트에 습관적으로 할 수 있는 것에 대하여 집중해서 적어본다. 즉, 내가 소중하게 생각하는 것, 또한 하고 싶은 것들을 찾는 습관이다. 적극적으로 나를 기쁘게 해주는 일들, 힘을 주는 일들에 포커스를 맞추고 의식적으로 즐겨보는 습관이다. 우리의 삶은 변화가 필요하다. 새로운 변화, 즉 삶에서 필요로 하는 것은 무엇인가? 나의 충동과 관심과 에너지의 유발은 가치가 있는 긍정적인 대상에서 발견된다. 나에게 진정한 가치가 있는, 에너지와 기쁨을 주는 것에 대한 연구가 필요하다. 주위에서 쉬운 것부터 시작해본다. 첫째 운동을 시도해보는것, 운동을 통한 혜택은 수많이 언급이 되어 모두 잘 알고 있다. 두 번째는 정기적인 명상과 기도 생활에는 상당한 효과가 있다. 전능자에게 모든 것을 내려놓고 그에게 맡기는 것이다. 복잡하고 억눌린 마음에 안정을 찾게 하며 마음의 무거운 짐을 내려놓는 훈련을 통하여 문제가 풀리고 마음의 평화와 안정을 얻는 매체가 된다. 셋째는 정기적으로 매일 하는 일을 관찰한다. 매일 하는 일이 무엇인가? 여유 있는 시간에 무엇을 하며 어떻게 시간을 보내는가? 나의 좋지 않은 버릇이나 습관을 노트에 적어보는 것은 이해를 빠르게 해준다. 오랜 기간 팬데믹의 부작용으로 인하여 과도한 음주, 약물 남용, 게으름 등은 악영향을 주는 대표적 습관이다. 그 밖에 많은 시간을 TV, 유튜브 아니면 텍스트 등에 많은 시간을 허비하는 것보다 이번 기회를 나를 업그레이드시키는 좋은 기회로 보는 것이다. 가치 있는 삶이란 나의 일상생활을 관찰하고 허비되는 시간을 차단하는 것이다. 대신에 유용한 곳을 찾아서 실행을 한다. 네 번째는 배우는 것은 상당한 좋은 효과가 있다. 전문 분야를 더 배워본다. 새로운 분야에 문을 두드려본다. 또한 취미로 좋아하는 것을 배워보는 것이다. 자신감이 백배로 우리에게 다가온다.

우리 자신은 변화해야 할 여러 습관들을 잘 알고 있다. 평소의 모든 생각, 행동 습관에서 벗어나 과감한 변화의 탈바꿈을 해야 한다. 중요한 것은 의미 있고 가치 있는 습관을 찾는 것이다. 방법은 알고 있으나 지금 이대로 안주하기를 원한다. 그러나 실패하더라도 손해 볼 것은 없다. 다시 시도하면 되는 것이다. 적극적인 자세를 갖고 나에게 정신적, 육신적으로 의미 있고 가치 있는 것들을 중점적으로 생각해본다. 서양 속담에 '모험 없이는 얻는 것도 없다(No venture, no gain)'란 말이 있다. 이러한 행동의 변화와 평소 생각하는 습관의 전환도 필요하다. 나이의 제한이 없다. 나의 생활이 즐거움이 없고 임팩트가 없고 도전이 없다고 생각하면 나의 평소 습관부터 점검하자. 정기적으로 나에 대한 점검이다. 어떤 습관이 삶을 업그레이드시키나? 어떠한 습관이 삶의 방해물인가? 정지된 좋은 습관은 무엇인가? 다시 나의 습관으로 만들어보자. 이것은 곧 내 삶의 로드맵이 된다. 독소의 조항들을 하나씩 제거하자. 삶에 힘이 들고 무기력한 상황들이 일상생활에 찾아온다. 습관적으로 우리의 마음을 에너지화하는 습관의 멘탈 훈련을 해보는 것이다. 힘이 빠질 때 '노'라는 정지 신호를 습관적으로 보내자. 그 대신에 힘을 주는 마음의 모드로 전환하는 습관이다. 이것도 역시 훈련이다.

처음에는 부자연스럽고 조금 힘들 것이나, 의식적으로 변환을 시작하면 자연스럽게 습관으로 찾아온다. 높고 청명하며 흰 뭉게구름이 있는 하늘을 본다. 친구와 전화 통화를 한다. 경쾌한 리듬의 음악을 듣는다. 좋은 장면을 생각한다. 심호흡을 천천히 들이고 마시고 뱉는 연습을 해 본다. 주위에서 쉽게 수없이 찾아오는, 미묘하고 기쁜 감정들을 의식적으로 즐겨보는 습관이다. 이 모든 작은 훈련이 모여 부정적 마음, 두려움을 해결할 수가 있다.

한 사람의 매일의 생활 습관을 보면 그의 인생 전부를 알 수 있다. 짧은 인생길에 후회 없는 삶이 되어야 하기 때문이다. 무엇보다 생각의 발상, 그에 따르는 습관의 개혁과 변화다. 이러한 훈련은 나의 삶 전체를, 그리고 무엇보다 인생의 진로가 바뀌는 자신감 넘치는 삶이 된다.

역경의 중요성

삶에서 역경은 대부분 사전에 예방할 수 있다. 그러나 예기치 않게 갑자기 우리에게 다가올 수도 있다. 우리 삶에서 피할 수 없는 필수적인 여건이다. 우리는 역경을 쉽게 이길 수는 없다. 오히려 그 역경에 쉽게 백기를 든다. 그러나 반대로 수많은 어려운 역경을 이긴 사람들이 있다. 몇가지 해결책을 이야기해본다.

첫째로, 받아들인다. 문제에 대한 부정과 회피는 더 큰 문제를 가져온다. 고민하고 낙심만 할 수 없다. 인정해야 한다. 정신을 차리고 나갈 방향을 연구한다. 두 번째, 최선의 차선책을 연구한다. 친구나 전문가의 조언을 듣고 자문을 받는다.

문화가 발달하고 삶이 편해질수록 여러 가지 정신 질환이 나타난다. 사회의 큰 문제로 대두되는, 어린아이의 출산이 OECD 국가 중에서 최하위라고 한다. 모두 무자식이 상팔자라고 한다. 몇 가지 중요한 면을 살펴보면, 출산은 여자의 큰 특권이요 축복이다. 이 특권은 내 것으로 만들어야 한다. 많은 적령기 여자들이 가지고 있는 잘못된 인식이다. 특히 내 삶의 역경은 결코 아니다. 잘못된 선입견이 국가와 사회, 그리고 개인에게 미치는 반대 영향이 지대하기 때문에 구체적으로 설명을 하고자 한다. 귀한 생명을 잉태하고 출산한다는 것은 무엇보다 고귀한 능력이고 감사할 일이다. 많은 젊은 여성들이 출산을 기피한다고 한다. 우선 양육비가 많이 든다. 너무나 개방적인 세상으로 변하고 있다 보니 나쁜 영향을 받을 기회가 많아진다. 그것으로 인한 자식의 교육이 전반적으로 힘이 든다는 이유에는 사실적인 증거가 있다. 그런 이유로 애완견을 키우는 숫자가 폭발적으로 증가하며 유행처럼 되어가고 있다. 요사이 인터넷에서 혼자 사는 여러 가지 방법을 적극 미화해서 보내고 있다. 혼자 캠핑, 해외여행 등 속칭 말하여 홀로 즐기는 '욜로족'이라고 한다. 누구든지 그 유혹에 끌릴 수밖에 없다. 이러한 생활을 계속할 수 있을까에는 의문점이 나온다. 물론 이것은 외로움에 따르는 정신적인 안정감을 어느 정도 주는 것은 사실이다.

아이를 키우는 절대적 장점 몇 가지를 적어보고자 한다. 우선 나에게는 축복의 근원이 된다. 자식들을 통한 삶의 축복은 수없이 많다. 인간의 축복은 번성과 그 수가 증가하는 것이다. 물론 어떻게 키우는가가 중요하겠지만 사랑, 정성과 올바른 가정교육을 병행하면 제대로 성장이 된다. 아버지의 도움과 함께 특히 어머니의 활동은 서너 명의 일을 담당하는 것이다. 요사이에 남자들의 가사 분담이 두드러지게 많아졌다. 그러나 여자들은 집안 가사에서 시작하여 자식의 건강, 학교 문제 등 담당해야 할 일이 한둘이 아니다. 쉽지가 않은 프로젝트다. 그러나 어머니는 대개가 의무, 책임, 보살핌 등을 통하여 정신적, 육체적으로 건강한 편이다. 그만큼 활동에 수반되는 운동을 많이 한다. 저명한 산부인과 의사의 한 보고에 의하면 출산으로 인한 여성 호르몬의 원활한 분비와 생성, 그리고 모든 활동과 움직임이 연합하여 강한 체질로 변해간다고 한다. 여자가 남자보다 수명이 긴 것은 이러한 이유가 아닌가 생각이 든다. 다음은 아이들 양육 과정에서 많은 새로운 지식을 배운다는 사실이다. 아이들의 정신적, 육체적 건강에 신경을 쓰다 보니 여러 가지를 배울 수밖에 없다. 인간관계에서 시작하여 인간 성장에 대한 전반의 지식을 접하게 된다. 또한 참고 기다리는 인내력이 키워지고 남과 같이 어울리는 사회성에 대한 지식도 습득한다. 어머니들의 생각이 풍부해지며 넓어진다는 사실이다. 바로 자신들의 성장과 발전이다. 자리는 자식들을 보며 사랑과 감사가 삶에 더해지는 것을 볼 수 있다. 심리 전문가 그리고 문제 해결사, 교육 전문가도 되며 그 밖에 나에게 도움을 주는 요소들이 넘친다. 이것을 통하여 큰 에너지를 받고 어머니로써의 크나큰 자부심과 뿌듯함, 해낸다는 자신감 등이 자리 잡는다. 그리고 마지막으로 자식들로 인하여 그들의 사회 기여도와 나라에 대한 충성심이 높은 것을 볼 수 있다. 나라의 유능한 일꾼들은 이런 과정을 통하여 키워진다. 국력이 강해진다. 자식이 없는 인생은 무료하다. 물론 개인의 생각과 삶에 따라 다를 수 있으나 인생 황혼기 이웃의 잘 성장한 자식을 보며 부럽기도 하고 또한 외로운 생각이 찾아오는 것은 부인할 수가 없다. 출산을 원치 않는 부부에게 이해가 됐으면 하는 소원이다. 사정이 허락하면 입양하는 것 역시 바람직한 일이다. 키우는 정이 낳은 정보다 훨씬 귀하고 크기 때문이다.

삶을 좀더 넓게 긍정의 눈으로 보며 그려보자. 세상에서 마주치는 책임과 의무에 적극적으로 참여하자. 겉으로 보이는 이유에 두려워하지 말고 맡겨진 일을 적극적인 마음으로 과감히 대처하는 것이다. 방법과 길은 열려 있다. 주저할 것이 없는 게 아닌가? 우리 모두 삶에서 나름의 강한 면역력이 필요하다. 모두 그런 것은 아니지만 자손이 없으니 당연히 애지중지 키운다. 문제는 여기서 발생한다. 온실같이 고생 모르고 자란 아이의 멘탈은 너무나 약하다. 결국 치열한 경쟁 사회에서 살아남는다는 것은 어려운 이야기다. 모두 귀한 자식들이다. 요사이 부모들은 자식들의 기를 살리기 위하여 요구하는 대로 들어준다고 한다. 비싸고 좋은 것으로 남에게 과시하려는 허영심, 잘못되고 허황된 생각, 즉 그들에게 악성 바이러스를 주입하는 결과를 준다. 귀할수록 평소에 생존력을 강하게 키워야 한다. 고생도 시키고 어려움도 스스로 해결할 수 있도록 하는 훈련이 필요하다. 이런 과정 후에 진정한 감사가 나온다. 사회생활에서 비 온 후에 땅이 굳음, 아프고 나면 면역력이 생김, 고생 끝에 낙이 온다는 말이 있다. 나의 핸디캡을 어떻게 발전시키는가? 어려움과 환난은 나를 훈련시키는 귀한 도구다. 군대의 맹훈련에서 용맹스러운 병사가 된다. 생태계를 보면 사막의 뱀, 전갈 등 척박한 곳에 아프리카의 맹수들이 바로 증명을 해준다. 우리의 삶은 역경을 거치며 성장한다. 역경이 우리 삶에 없다면 인생은 무료하고 할 것이 아무것도 없다. 도전과 역경 가운데 우리 꿈이 자라고 성취를 위하여 최선을 다하는 모습을 보며 성장하면 살기 좋은 사회가 된다.

자녀들을 어떻게 교육시키는가? 관건은 이러한 삶의 도전들, 문제들, 역경을 보는 나의 눈이다. 나의 약한 점을 보강시키는 훈련이다. 역설적인 논리 같지만, 어려움이 올수록 용감함, 도전함, 강한 정신을 의식적으로 키워야 한다. 어렸을 적에 고생은 사서 한다는 말이 있다. 일찍이 터득한 고생은 삶의 큰 응원군이요, 스승이다. 악성 바이러스에 대항하는 강력한 면역 주사다.

나의 두 아들은 모두 고등학교 때에 파트타임 일을 시켰다. 둘 다 주유소에서, 또 피자 가게에서 바닥 닦는 일을 했다. 하루는 20번 이상 넓은 식당 바닥을 물로 닦고 청소해야 했다. 사회의 매운맛을 미리 알게 했다. 돈의 귀중함을 알게 했다. 그들도 마찬가지 심한 사춘기의 격동과 어려움을 통해서 성숙한 인격으로 천천히 변해갔다. 감사하게도 큰 녀석은 유수의 금융회사에서 부사장으로 재직 중이고 동생은 이름 있는 통증마취의사로 의사들이 추천하는 전문의로 선출되어 사회에 나름대로 열심히 봉사하고 있다. 더 성장해야 할 면이 있으나 제 나름대로 성장의 고통을 이겨가며 열심히 노력한 결과라고 본다.

친구나 이웃, 부모들 이야기의 결론은 고생한 아이일수록 자기 일에 충실하고 부모와 가족과의 관계가 충실하고 감사할 줄 알며 책임감이 투철하고 이웃과 관계가 원만하다고 한다. 반면에 부모의 전적인 도움을 받은 자녀들은 모두는 아니지만 감사의 개념, 그리고 책임감이 부족하고 인간관계도 원만치 않고 이기적이라는 중론이다.

오늘 자신감의 축적은 평소 역경을 통한 자가면역에서 생성이 된다. 평소 고생이라는 훈련의 관문을 통과하여야만 한다. 자기 훈련은 여러 가지로 생각할 수 있다. 자신이 스스로 깨달을 수도 있고 부모로부터도 올바른 교육이 있어야 한다. 올바른 책임 의식의 훈련을 가르쳐야 한다. 자기의 실수는 책임을 질 줄 아는 생각은 훌륭한 면역력을 위한 연습이다. 자신의 잘못을 이웃이나 생활 환경이나 자신의 운명으로 돌리는 생각은 약한 존재로, 실패자로 만드는 지름길이다.

이렇듯 나의 처한 위치와 형편을 올바로 보고 그것에 대처하는 연습이 필요하다. 장애물을 넘기 위하여 방법을 연구하며 실행에 옮기는 훈련에 익숙해져야 한다. 어린아이에게는 스스로 해결하는 방법을 가르치고 책임감을 갖게 하며 또 적당한 칭찬과 보상을 해주며 성인에게는 스스로 여러 대책을 만드는 훈련이 필요하다. 문제에 대한 모든 해결책을 스스로 노트에 적어보며 최선의 대응 방법을 찾는 훈련이다. 반복적인 이런 훈련은 사물을 넓게 보고 깊은 곳에서 생각하는 지혜를 가져다준다.

모든 일이 순조롭게 되는 일도 변수가 나올 수 있다는 가정하에 최대의 대응책을 스스로 만들어보는 연습을 해본다. 군대에서 훈련병에게 주입시키는 훈련은 '안 되면 되게 하라'라는 구호다. 멋진 말이다. 회사 미팅에서도 자주 언급되는 이야기다. 할 때까지 최대한의 아이디어와 노력을 기울이라는, '주마가편', 즉 달리는 말에 채찍을 가하라는 말이다. 이런 경험과 과정들이 조금씩 쌓이고 모아져 예기치 않은 문제나 장벽에 여유 있게 대처하는 방법을 찾을 수 있다. 결국 귀중한 자신감의 선물로 찾아온다.

No라는 말에
대한 반응은?

인간 모두는 '잘했다', '대단하다' 혹은 '훌륭하다'라는 답변을 듣고 싶어 한다. 노력에서 오는 결과에 당연한 칭찬이다. 결과가 좋지 않더라도 힘을 주고 격려하는 응원의 힘이 절대적으로 필요하다. 칭찬과 격려의 이야기에는 대단한 위력이 있다. 그러나 그곳에는 반대의 부정적인 면도 포함되어 있다. 우리의 삶은 쉽지가 않다. 순조롭지 않은, 곳곳에 가로막는 수많은 지뢰가 숨어 있음을 본다. 방해물이다. 이것은 'No'라는 내용이 의미하는, 즉 삶의 주의 사항들이다.

우리는 '노'라는 소리를 잘 들어야 한다. 삶의 성공은 대부분 문제를 통하여, 혹은 실패를 통하여 이루어진다. 모두라고 봐도 옳을 것이다. 위대한 업적을 이룬 사람들은 거의 수많은 '노', 즉 문제, 실패, 좌절을 통하여 만들어진 인물들이다.

문제와 걸림돌들이 있다는 생각을 미리 마음에 둬야 한다. 그렇다고 부정적인 생각의 의미는 전혀 아니다. 반대로 그것을 뛰어넘는 마음의 훈련이다. 이것을 사용하여 내 성공의 도구로 만드는 것이다. 좌절하게 만드는 것보다 곧 나를 성장시키는 동기가 된다. 물론 마음이 약하거나 칭찬만 듣고 성장한 대부분의 사람들은 문제를 만날 때 쉽게 회복하기 어렵고 또한 좌절한다.

요사인 과거와 달리 육아에 대하여 유난스럽게 보호하며 아이들을 키운다. 물론 과거보다는 삶이 복잡하고 위험성도 높아 양육에 많은 노력과 시간이 필요하다. 천문학적인 비용도 문제가 된다. 너무 풍요하게 금수저로 키운 나머지 아이들을 버릇없거나 사회에 적응 못 하는 실패자로 만든다. 너무 금이야 옥이야 키우는 관계로 혼자 서지 못하게 하는 잘못된 결과를 만든다.

어린아이에게 항상 조용한 클래식 음악을 듣게 했다고 한다. 물론 정서적으로 안정되게 키우기 위한 이유다. 그런데 그 후 부모가 유치원을 보냈는데 아이가 그 소음의 분위기에 적응을 못 해 결국 집에서 다시 키웠다고 한다. '노'를 듣지 못하고 자란 아이들은 성장하면서 인생의 수많은 방해물을 만난다. 힘든 것도 참고 견디는 훈련이다. 이것이 바로 바탕이 튼튼하고 견고하게 올바로 짓는 집과 같다.

곱게 칭찬만 듣고 자란 청년이 군 입대를 하여 그곳 생활에 적응이 힘들어 사고를 치고 심지어 자살하는 사건들아 많아진 것을 신문에서 보고 있다. 갑자기 군대라는 사회에 적응이 안 되는 것이다. 문제를 만날 때마다 스스로 해결하는 것에 숙달하지 못해 어려움이 많고 힘들어하는 것이다. 특히 귀하게 자랐을 경우는 부모로부터 온갖 사랑을 받는다. 잘못했더라도 지적 없이 부모는 그대로 인정해준다. 아무런 교훈을 주지 못한다. 그러나 잘못된 것은 올바르게 지적하여 가르쳐야 한다. 칭찬이 수반되는 진실한 'No'의 메시지다. 어렵고 힘든 'No'가 지배하는 환경에서도 딛고 일어나는 훈련을 가르쳐야 한다.

이런 환경에서 성장한 사람은 'No'라는 용어에 익숙지 못하여 여러 사회 환경에 적응하기가 쉽지 않다. 문제가 당연히 따라온다는 것, 문제를 인정하고 당연시하고 낯설어하지 않고 오히려 친하게 지내는 방법을 가르쳐주는 것이다. 문제는 바로 지혜요, 배움이요, 담대하며 자신감을 갖게 하는 중요한 요소가 되기 때문이다.

중요한 것은 'No'라는 방해 혹은 문제를 보는 나의 시각이다. 문제를 문제로 보는 것이, 또한 문제를 방해물로 보는 것이 아닌 성장의 안목과 또한 성장 과정의 중요한 부분이라고 보는 것이다. 이것 역시 마음의 귀중한 훈련이다. 'No'는 우리 삶의 필수적인 동반자와 같다.

　세상 어느 것도 쉽게 이루어지는 것은 하나도 없다. 반드시 변화를 통하여, 즉 문제가 나를 변화시키는 중요한 성장의 촉진제 역할을 하기 때문이다. 'No'라는 문제를 통하여 새로운 시각으로 보게 되고 그것에 적절한 대책을 마련하며 사용할 때 우리는 계획된 목표, 그 지점에 도달할 수가 있다. 문제를 통하여 이루어낸 업적이 안전하고 실패가 없고 더 강력한 도구로 자리 잡는다. 'No'는 더 이상 나에게 해가 되는 존재가 아니고 'Yes'로 이어지는, 없어서는 안 될 파트너이고 필수 조건이다.

이웃과의
중요한 관계

You cannot do kindness too soon, for you never know how soon it will be too late.

친절은 아무리 빨리 베푼다고 해도 이미 늦어버린 경우가 많다.

- Ralph Waldo Emerson(랄프 월도 에머슨)

인간은 태어날 때부터 혼자 살 수가 없다. 인간, 즉 모든 사람은 약하고 부족하기 때문에 혼자 살기는 불가능하다. 서로 돕고 교제하도록 창조되었다. 사람과의 소통이 잘되면 일단 성공한 삶이라고 본다. 세상의 모든 일은 관계에서 이루어진다. 삶이 어려울수록 정신세계도 공허하고 정신적인 고립감, 외로움, 심리적 황폐가 찾아온다. 산속에서 수련을 하는 수도사의 삶은 신의 힘에 전적으로 의지하나 무엇보다 자신과 싸우는 삶이다. 요사이 새로운 비즈니스로 각광을 받는 것이 동물에 관한 사업이라고 한다. 특히 애완동물과의 애착심은 상상을 초월할 만큼 높아졌고 특히 COVID-19의 후유증으로 이웃과의 교류도 끊어지고 외로이 혼자 지내야 하는 삶이 패턴이 됐다. 자연히 소통은 애완견과 더욱 가까워질 수밖에 없다. 특히 인간과의 소통에서 가장 원활하고 친근하기 때문이다. 애완동물과 더욱 친근해졌다는 사실은 그만큼 현대인이 소통이 부재하고 그 피해가 크다는 증거다.

다른 이유는 혼자서 생활할 수 있게 편리하게 만들어진 모든 주위 여건들, 즉 웹사이트 그리고 서비스, 다양한 프로그램의 출현이다. 음식도 간단히 조리할 수 있는 맞춤형이다. 이런 분위기가 가족과 친구가 있어도 자신과의 소통도 제대로 안 되는 것이 우리의 현실이다. 이러한 도구들이 편한 것 같으나 결국은 사람과의 소통을 막고 결국은 자녀와의 관계도 소원해지고 이웃과의 만남도 점점 멀어진다. 혼자서의 생활에 익숙하니 누구와의 만남도 불편하게 생각한다. 결국은 산이나 오지에 들어가 자신만의 안락한 삶을 찾는다. 심지어 학교에서는 전염병처럼 번지는 친구 간의 따돌림, 폭력, 그리고 코비드 바이러스로 인한 후유증 그 결과로 정신적인 디프레스로 인하여 자살하는 숫자가 특히 심신이 약한 젊은 층에서 전염병처럼 증가하고 있다고 한다. 또한 중독성 마약, 마리화나, 코카인, 펜타닐과 오피오드 같은 마약의 중독으로 사망하는 숫자가 폭등하고 있다.

트랜스젠더라는 새로운 성의 개념이 홍수처럼 등장하고 있다. 이 모든 것들은 사회의 프로 모더니즘이라는 이름 아래 새로운 풍조가 되어 국가의 역사를 부정하고 사회의 기본 질서를 무너뜨리고 있다. 이로 인하여 많은 사람들이 세상을 등지고 산속에서 자연과 벗하며 혼자 사는 추세가 기하급수적으로 늘어난다. 불안하고 건전하지 않은 사회의 안타까운 현상이다. 이런 모든 상황이 사람들과의 소통이 원활하지 않거나 그 관계에서 오는 문제들이다. 인간관계는 일단 원활하게 이루어져야 한다. 그러나 누구에게나 모든 사람들과 좋은 관계를 유지하며 사는 것은 쉽지가 않다.

Don't find fault, find remedy.
잘못된 점만 찾지 말고 고칠 수 있는 방법을 찾아라.
- Henry Ford(헨리 포드)

인간관계에서 계속되는 문제는 전체를 점검해볼 필요가 있다. 나에게서 오는 문제일 수도 있고 성격이 반사회

만능열쇠 자신감

성 성향일수도 있다. 몇 가지를 생각해보자. 이곳에서 언급되는 것은 이해관계나 특별한 상황이 아닌 순수한 인간관계에서 생각해본다. 첫째는 남과의 관계에서 나를 모두 옳게만 보는 것보다 상대의 입장에서 받아들이는 것이다. 그들의 이야기를 들어보며 그들의 입장을 이해하는 마음이다. 우리는 자라온 배경이 모두 다르다. 아프고 약한 부분에 유난히 방어적이고 예민하다. 외모가 다르듯이 우리의 생각도 나와 같지 않다. 사실과 진리를 보는 눈은 같지만 사람마다 조금씩의 차이는 있다. 나와 의견이 다르다고 처음부터 귀를 막는 것은 문제가 있다. 상대도 역시 나의 생각에 동의하지 않기 때문이다. 해결 방법은 상대의 이야기를 듣고 인정할 것은 인정하는 것이다. 처음부터 내가 모든 것의 기준이 되면 아무도 나와 대화할 상대는 없다. 이기적이고 일방적으로 판단하는 것이 나를 고립시키는 제일의 원인이다. 내 말은 모두 옳고 상대방의 말은 중요하게 생각하지 않는, 자기의 주장을 고집하는 행동이다. 소통에서 치명적인 독약의 역할을 한다.

　두 번째는 나이와 신분의 고하를 막론하고 모두에게

진실함과 성의가 있어야 한다. 특히 가까운 관계일수록 더 중요하다. 부모가 자식을 대하는 것, 상사가 아래 직원을 대하는 것, 친한 친구, 이웃과의 관계, 이 모든 것들이 상대에 대한 배려감 그리고 솔직한 진심이 바탕이 된다면 소원해질 이유가 없다. 물론 사회의 신분이나 계급 혹은 학력의 고하에 의하여 편견을 가질 수 있다. 나도 중요함을 받기 원하듯 남도 진실한 대우를 받기를 원한다. 나의 편견된 좁은 눈에서 판단하는 것보다 마음을 넓혀보는 훈련이 필요하다. 중요한 것은 누구와 어떠한 상황에서든 진실함과 성의감이 배제되어서는 안 된다.

　세 번째는 온전한 관계의 유지는 돕고 베푸는 마음이다. 인간은 다른 동물과는 달리 극도로 첨예화된 사회성이 있기 때문에 진정한 관계는 도우고 베푸는 데서 나온다. 자선가들이 끊임없이 약자를 위해 베푸는 것은 진정한 보람과 기쁨을 발견했기 때문이다. 인간만이 가질 수 있는 특권이요 축복이다. 세상의 어떤 일보다 나의 이익을 떠나 남을 돕는 일에서 순수한 희열을 발견한다. 인간이 행할 수 있는, 차원이 높고 최대의 가치 있는 행동이 남을 돕는 일이다. 상대가 도움이 필요할 때 사심 없는 도움을 베푼다. 내가 할 수 있는 최선을 다해서 도움의 손길을 베푼다. 돕는 마음은 넓게 사물을 보는 지혜를 가져다준다. 진정한 유대가 형성되고 그곳에 진정한 평화가 찾아온다. 이것이 진정한 인간 사회의 유토피아가 되는 것이다. 먼저 약자에게 도움의 손길을 내밀어보자. 도움이 필요할 때는 사심 없이 손을 내밀고 도와준다. 신체가 부자유한 이웃이 있으면 잔디 손질도 해주고 음식 제공이 필요하면 기꺼이 시장도 봐준다. 주위에서 흔히 할 수 있는 도움이다. 도움을 받은 사람은 다른 사람에게 도와주는 리플의 효과가 있다. 어느 사회나 국가의 선진국의 척도는 어려운 국가나 이웃을 위하여 도움의 손길을 많이 베푸는 것에 달려 있다고 해도 과언은 아니다. 고아의 입양을 많이 하는 나라, 원조를 많이 베푸는 나라는 미국이 제일의 선두 주자다. 축복받는 비결도 베풀고 도와주는 것에서 시작이 된다. 하나둘씩 내가 할 수 있는 작은 것부터 시작해보자. 물론 이 모든 것을 하기란 쉬운 것이 아니다. 조금씩 남에게 베풀다 보면 불가능했던 것들이 가능해지고 나도 모르는 소통의 장벽은 무너진다고 확신한다.

마지막으로 내가 먼저 상대에게 다가간다. 길거리에서 혹은 운전할 때 모르는 상대가 먼저 아는 표시를 하면 고마운 감정이 생긴다. 멀리서 아는 사람이 반갑게 인사를 할 때 감사와 친근감이 배가 된다. 손을 먼저 내밀고 악수를 먼저 청할 때 곧 마음을 열고 긴밀한 관계가 될 수 있다. 소통과 대화의 필수 요소는 내가 먼저 마음의 문을 열고 그에게 접근하는 것이 원칙이다. 개인이나 국가 간의 평화 협정을 이루기 위해서는 먼저 상대방에게 손을 내밀고 친화의 악수를 청하는 방법이 곧 문제가 해결되는 특효약이다. 막혔던 대화에서 소통이 되는 지름길이다. 오랫동안 소원했던 사람들과도 먼저 안부 전화를 한다. 잊지 않고 관심을 표하는 것이다. 예기치 않던 사람에게 안부 전화가 오면 의외의 생각에 감사할 뿐이다.

You can't shake hands with clenched fist.

주먹을 쥐고 있으면 악수 수 없다.

- Indira Gandhi(인디라 간디)

다섯 번째는 도움을 받으면 반드시 갚는다. 조그만 배려는 우리 삶에서 윤활유의 역할을 한다. 크고 작음을 떠나서 도움에 대한 감사를 표현한다. 감사하다는 표현에 인색하지 않는다. 인간은 열 가지를 잘해주고 한 번이라도 실수를 하면 비난을 하고 심지어 관계를 끊는다. 얼마나 이기적인 행동인가? 관용을 베풀고 이해를 하는 마음이다. 내가 잘못 오해할 수도 있다. 특히 자기의 이익을 위해 도움을 베푼 사람의 등에 칼을 꽂는 일은 인간의 가장 추하고 비열한 행동이다. 특히 내가 힘들었을 때 도움받은 손길을 배반하는 사람은 인간의 기본적인 양심이 존재하지 않는다. 인간 사회는 크고 작은 도움을 서로 주고받는 상호 공존의 사회다. 은혜를 갚는 것은 사람의 기본 상식이다.

내가 실수를 했을 때 인정하고 용서를 구하여야 한다. 나이의 고하를 막론하고 어린아이에게도 잘못은 잘못이다. 자존심이나 편견에 고집하지 않고 솔직함을 보인다. 겸손함이 나타난다. 이것은 바로 자신감 있는 사람들의 대표적인 특징이다. 나의 약한 점을 나타내는 것은 나에게 큰 강점으로 다가온다. 인간의 솔직함이 배어나기 때문이다. 대부분 자기의 실수에 대해 감추려는 경향이 강하다. 자기를 정당화시키는 일이다. 실수를 부인하고 정당화시키는 것에서 우리의 대화의 소통은 두절이 된다. 생명과 같이 중요하게 생각하는 자존심이 상하는 일이다. 체면이 깎인다. 자기의 치부를 다 드러내는 것으로 생각한다. 정치인들 사이에 특별히 사용되는 전유물이다. 특히 자기의 실수를 부정하는 사람들의 특징은 자신감의 결여다. 다시 말하면 나는 허점이 많고 약하다는 증거다. 그들의 특기는 상대방의 결점은 잘 찾아낸다. 그러나 이웃과의 관계가 원만한 사람들, 특히 자신감이 많은 사람들의 특징은 반대로 자신의 결점을 알고 싶어 한다는 것이다. 이것은 바로 상대를 배려하는 겸손함이다. 칭찬만 들으면 자신을 알지 못하고 성장하지를 못하기 때문이다. 좀 더 자신에게 솔직해지자는 목적에 있다.

우리 모두 위의 것을 실행하기란 쉬운 일이 아니다. 그러나 하나씩 하다 보면 더 많은 것을 하게 된다. 온전한 자신감 있는 인간관계는 내가 받는 것보다는 남에 대한 배려의 손길을 보내는 것이다.

First keep the peace within yourself, then you can also bring peace to them.

평화로운 마음을 가져라, 그럼으로 다른 이들에게도 평화를 줄 수 있다.

- Thomas Kempis(토마스 켐피스), 독일 사상가

인정하는 습관과
절대적 변화

자신의 단점과 상대의 장점을 인정하는 행동은 사회를 정화시키고 인간관계를 원만하게 만들며 살기 좋은 이상적인 사회를 이룬다. 그러나 인간의 습성은 누구나 비난을 받을 때 거부 반응을 보이고 분노를 표출한다. 모든 인간은 자신의 잘못이나 부족함을 숨기려 하는 습성을 갖고 있다. 모든 사회의 불안정, 개인과 그리고 나라의 분쟁은 자신들의 잘못과 결점을 인정하지 않는 것부터 시작된다. 인정하는 행위는 큰 용기가 필요하다. 진정 인정하는 사람일수록 자신감이 넘치는 사람이다. 자기 성찰의 훈련에 익숙한 사람들은 쉽게 인정하고 자신을 돌아본다. 자기 성찰에는 객관적인 눈이 필요하다. 솔직하며 열린 마음으로 자신을 보는 것이 필수 조건이다. 남보다 업그레이드된 성격의 소유자만이 이러한 인정을 수용할 수 있고 다음 단계로 가는 준비된 사람들이다.

작은 비난과 결점에 강한 반발을 하는 것보다 그 반대의 태도를 보이면 모든 게임에서 역전의 효과를 이룬다. 그것이 바로 '인정'하는 것이다. 인정에는 두 가지 대상이 있다. 첫째는 자신의 과오를 우선 인정하는 것, 두 번째는 상대방의 의견을 인정하는 마음이다. 공통점은 나의 주관적인 의견에서 벗어난 넓은 의미의 포용이 있다. 이것에는 용서와 화합이 있다. 인정은 분쟁과 오해에 대한 최고의 처방약이 되며 다음의 대화로 이어지며 결국은 '윈윈'의 효과를 본다. 특히 인간관계에서 나의 실수가 없는데도 인정하는 대화는 상대의 마음을 얻는 중요한 방법이다. 대부분 문제의 발단은 나의 사소한 과오라도 인정하지 않는 것, 부정하는 것에서 시작이 된다. 상대의 분노를 삭이는 최고의 처방약은 바로 나의 부족함을 솔직히 인정하는 것에서 시작이 된다. 나의 문제는 안 보고 남의 결점만 보는 버릇은 자라온 과정에서 나온다고 보며 또한 특정 분야에 인지 능력이 부족한 사람들에게 나타난다고 심리학의 전문가들은 말을 한다. 특별히 칭찬이 결핍되고 비난을 많이 듣는 환경에서 성장한 사람일수록 거부 반응이 심하게 표출되는 증상이라고 한다. 성숙되지 못한 조건 혹은 본능적으로 습관적으로 비난을 받고 자란 사람일수록 방어하는 강한 심리가 자동적으로 깊이 클릭이 되어 공격의 태도가 되며 그 결과 자신의 잘못을 심각히 받아들이지 않는다. 시간이 갈수록 굳게 고착화되어 결국은 전문가의 상담 치료를 받아야 한다. 또한 이러한 현상은 성장할수록 자신의 잘못보다는 잘못을 충고하는 사람에게 분노를 표출한다. 성숙된 자신감은 나의 결점과 남의 장점을, 혹은 나의 장점과 상대의 장점을 포용하는 데서 나온다.

물론 상대의 결점은 이러한 단계를 거쳐 볼 수가 있다. 인정은 곧 자기를 돌아보는 성찰이다. 인간만이 할 수 있는 특권이요, 선물이다. 직장 상사나 동료, 식구 누구든지 대화에서 내가 잘못했다고 인정하고 대화를 하면 상대 반응은 '나도 잘못이 있지' 혹은 '괜찮아, 다음에 잘하면 되지'라는 긍정적인 화합의 메시지가 온다. 처음부터 상대방을 부정하는 대화는 더 이상 지속될 수 없다. 조금씩 인정하는 순간부터 대화가 긍정적으로 계속된다. 물론 쉽게 할 수 있는 대화는 아니다. 그러나 내가 조금 양보하는 마음의 훈련이 필요하다. 어느 정도 수긍하는 대화는 대화 전체를 리드할 수가 있다. 이러한 훈련은 자신감을 얻는 데 매우 중요하다. 모든 환경에 수긍하는 마음의 훈련이 된 사람이다. 긍정의 눈으로 보는 것이다. 나를 인정하지 않고 상대방에게 화살을 돌리는 사람일수록 주위에서 한 사람씩 관계가 멀어진다.

우리들은 각자 보이지 않는 자신의 약한 부분이 있다. 중요하지 않은 사소한 것에 대해 의견 충돌과 논쟁을 자주 한다면 나를 생각하는 시간을 갖는 것이 최선의 방법이다. 내 자신을 볼 때 주위에 대화 상대가 없다면 나에게 문제가 있다고 생각해볼 필요가 있다. 그러나 심각한 문제는 그런 것에 별로 관심이 없고 심각하게 생각하지 않는 것이 문제다. '싫으면 말고' 하는 식이다. 그러나 조금 인정하면 다시 대화가 연결이 된다.

상대를 인정하는 것은 에너지가 있다. 모두 소통할 수 있는 통로를 만들기 때문이다. 인정은 남녀노소 모두에게 통용되는 유니버설 대화다. 삶에는 정지가 있어서는 안 된다. 그러나 현실을 볼 때 수많은 장애들이 앞에 놓여 있다. 무엇보다 중요한 것은 사람과의 원만한 소통이다. 원만한 소통이 이루어지면 모든 세상 문제의 80%는 해결됐다고 봐도 과언이 아니다. 이런 명약을 개발하고 훈련하고 내 것으로 만들자. 자신감은 부수적으로 따라오기 때문이다.

인간은 완전하지 못한 존재다. 실수는 누구든지 항상 인간관계에서 이루어진다. 본의 아니게 혹은 고의로 저질러지는 실수도 있다. 우리의 삶은 실수 가운데 이루어진다 해도 과언이 아니다. 그러나 이러한 잘못은 그냥 묻고 넘어가서는 안 된다. 해명이 필요하고 또한 잘못된 오해도 풀어야 한다. 이런 과정을 통하여 온전한 인간관계가 성립된다. 그것을 인정하고 용서를 구하는 것은 자신감에서 온다. 심지어 어린아이에게도 잘못을 인정하고 용서를 구하여야 한다. 적극적인 소통의 방법이다. 용서를 구하는 것은 그리 쉬운 일이 아니다. 복잡스러운 인간의 생각이 간단한 나의 책임과 그것을 인정하는 것에서 풀어진다. 용서를 구함은 대단한 능력이 있다. 말로 천 냥 빚을 갚는다고 했는데 겸손한 마음에서 자신의 잘못을 인정하는 것은 소통의 엄청난 힘을 가져온다.

먼저 손을 내미는 것은 깊어진 마음의 간격과 상함을 치료해준다. 오히려 상대에게 미안한 감정을 갖게 한다.

오직 자신감이 있는 사람들이 할 수가 있고 이것은 자신감을 가진 자들의 특권이고 능력이라고 생각된다. 우리는 대화 가운데 대표적인 특징은 사소하고 아주 작은 것, 별로 중요하지 않은 것까지도 '미안하다', '고맙다'라는 이야기를 습관적으로 한다. 상대에게 예의를 갖추고 배려를 하는 대단히 좋은 습관이다. '미안하다', '고맙다'라는 용어가 없다고 생각하면 이웃과 분쟁과 싸움이 끊이질 않을 것이다. 이러한 사려 깊은 말을 자주 사용해보자. 사회가 더 밝은 사회가 되고 인간관계에서 더욱 가까워질 것이다. 그리고 오해가 없어질 것이다. 상대방에게 대단한 친근감을 주는 것이다. 이것은 인간관계에서 매우 중요한 부분이다. 비즈니스 파트너에게 혹은 상사에게 잘못을 인정하고 진정 사과를 하면 상대는 그대로 잘 받아준다. 그 효과는 상대방의 분노를 누그러트려 전보다 더 좋은 관계로 발전될 수 있다.

변화는 말 그대로 기존 방식에서 혹은 고정적 중심의 생각 혹은 편견에서 탈피하는 것을 의미한다. 특히 인간은 태어날 때 자기만의 성격을 가지고 태어난다. 고유 성격은 성장 과정에서 자리 잡는다. 또한 개성이라고 표현하며 강하고 독특한 반면에 나약하고 잘 나타나지 않고 조용하다. 대부분 유전적인 영향을 많이 받는다. 특징은 근본적으로 쉽게 바뀌지 않는다.

좋고 나쁜 것보다 인정하고 받아들이면 된다. 우리의 삶은 이것을 바탕으로 앞으로 펼쳐져 있는 여러 일들을 보는 시각이고 그것이 기본이 된 생각이고 행동이다. 자라는 과정의 여러 환경에서 우리의 관점, 기준과 생각이 형성된다. 이것에서 2차의 개성이 형성된다.

장단점 양면을 갖고 있다. 그러나 큰 틀에서 보면 모두 나를 나타내는 귀한 것들이다. 장점이 많다고 모두 좋다고는 말할 수 없고 단점만 있다고 모두가 나쁜 것은 아니다. 문제는 이러한 관점에서 내가 변할 것은 무엇인지 생각해 볼 필요가 있다. 우리 모두는 변화가 필요하다. 물론 자기 개성과 방식대로 주어진 인생을 살 수 있다. 인간은 최상의 고등동물로 온 지구를 정복하는 에너지 그리고 능력을 받고 태어났기에 진화와 성장과 발전에 바탕을 둬야 한다. 성장, 진화의 변화 과정을 거치지 않은 지구의 모든 생물은 멸종이 되거나 퇴보하고 만다. 하나님은 인간에게 번성하고 충만하라고 명하고 축복을 했다.

무조건 하면 된다는 식의 일방통행은 삶에 걸림돌이 된다. 나 자신을 통찰하고 받아들이고 인정하며 공존하는 마음이 더 중요하다. 바로 이것이 변화다. 변화에는 큰 도약이 따라온다. 즉, 변화는 곧 모든 성장을 의미한다. 이것은 나의 가능성을 더 차원 높게 발전시키고 또한 나의 걸림돌에 대한 고침 혹은 제거다. 다시 말하면 자동차의 정비, 즉 부품 교체를 하고 새로운 오일로 윤활제를 교체하고 더 나아가서는 엔진을 교체하여 자동차 성능을 최대한 업그레이드시키는 큰 변화와 같다. 수명이 다할 때까지 항상 교체하고 보강하는 변화의 연속이다. 우리가 살아 있다는 것은 여러 변화가 수반되지 않은 것이 없다.

인간은 기본 상식에 의한 표준을 가지고 있다. 그것에 따르는 사회도 기준과 법에 순응하여야 한다. 이것은 인간의 근본 틀이다. 예외가 없다. 상상은 자라나는 여러 환경과 같지 않다. 인간 모두가 좋은 것 혹은 나쁜 것을 갖고 성장한다. 시간이 지날수록 나의 필요한 변화가 무엇인가를 알게 된다.

이렇듯 인정하는 변화는 할수록 새로운 눈으로 사물을 보게 되며 생각이 넓어지고 불가능에서 가능성이 보이게 된다. 문제가 해결되고 사람과의 교류도 그 영역이 넓어진다. 가정, 사회 국제사회에서 나오는 복잡한 문제나 분쟁 등이 해소된다. 대단히 긍정적인 효과가 크다.

처음에는 쉽지 않다. 그러나 처음 한 번 변화를 통한 긍정적인 면을 보면 점차 쉽게 변할 수 있다. 인내를 가지고 작은 것부터 하나씩 변화시켜보는 것이다. 역동의 에너지가 수반되며 자신감의 모든 부분이다.

장애물의
절대 필요성

인간 모두는 흠결이 있다. 완벽한 사람이 있는가? 흠이 있는 사람이 더 인간미가 있고, 쉽게 친근해진다. 그러나 여러 장애물은 나의 모든 생각을 가로막는 존재가 된다. 우리 삶의 주위에는 수많은 장애물들이 있다. 관건은 이들을 보는 우리의 생각, 그리고 보는 관점이다. 다시 말하면 이것은 방해물이 아니라 도와주는 역할을 한다. 나의 장애, 즉 핸디캡은 강력한 도전 정신을 심어주었다. 우리는 이와 같은 방해물들과 친하게 지내며 내 편으로 만들어야 한다. 즉, 이들을 성장의 도구로 사용해야 한다. 고질적인 나만의 핸디캡은 무엇인지 심각히 고민해 보자.

예술인, 의사, 발명가, 정치인, 사상가 등 여러 분야의 성공자들, 역사를 바꿔놓은 사람들의 신상 데이터를 보면 신기하게 모두가 장애자 혹은 핸디캡을 소유했거나 아니면 삶의 환경이 열악한 사람들이다. 그들은 핸디캡을 이겨 대단한 승리를 만든 사람들이다. 그들의 장애가 그들의 인생을 역전승으로 이끌었다. 대단한 게임 체인저의 역할을 한다. 보기에는 나의 적이요 해악이 되고 이것만 없으면 내가 더 발전할 수 있는데 생각하나 그것은 반대 생각이다. 삶에서는 나에게 편한 것, 좋은 것만 주어지지 않는다. 진정한 삶의 성공은 여러 장애물들과 더불어 살며 이들을 내 편으로 만드는 과정에 있다. 삶의 여정에서는 예기치 않은 상황이 펼쳐진다. 예기치 않은 장애물을 통하여 내 자신 스스로 만들어내는 창조의 과정이 있어야 한다.

과거의 내 삶을 보면 여러 형태의 크고 작은 장애물들이 나의 주위를 둘러싸고 있었다. 온몸이 안 아픈 데가 없는 환경에서 오기가 발동한다. 나쁘면 이것 이상 더 나빠질까 하는 생각에서 그대로 주저앉을 수만은 없었다. 특히 허리 통증의 장애가 나를 더 강하게 만들었다. 희망을 보고 꾸준히 더 노력했다. 노력의 결과는 현실로 다가와 귀한 열매를 얻었다. 여러 크고 작은 장애물들을 극복하기 위한 노력들은 나의 생활에 큰 기둥과 같은 귀한 역할을 하고 있다. 감사하지 않을 수 없다. 힘들 때마다 잘 견뎌낸 상황을 다시 떠올리는 것이다. 지금도 넘어야 할 산이라면 물론 같은 도전을 할 것이다. 이런 과정에서 지금의 책도 쓰게 된 동기가 되지 않았나 생각한다.

　나의 핸디캡, 장애물의 리스트를 만들어놓고 어떻게 사용할 것인가 연구하자. 장애가 크면 할 수 있는 행동 범위는 좁아진다. 그러나 이곳에서 벗어나는 노력이 필요하다. 약한 것을 생각하고 훈련하기 전에 나의 강점은 무엇인지 생각하고 하나의 해결 방법은 나의 강점을 더 개발하여 약점과 핸디캡을 보완하며 자신의 능력을 업그레이드하는 것이다. 지금의 힘든 상황은 나에게 주어진 운명이라고 생각하고 그대로 인정하고 받아들여야 한다. 나에게 주어진 여러 원천 자료들이다. 이것을 어떻게 사용하느냐는 본인에게 달렸다. 이렇듯 나의 핸디캡 그리고 실수는 나의 삶을 최상의 단계로 업그레이드시키는 도우미 역할을 한다. 이것들을 극복하는 능력을 우리는 태어날 때 하나님으로부터 받았다. 우리 모두는 장애를 극복하는 대단한 능력이 있다. 하늘과 땅에 있는, 그리고 바다에서 사는 모든 생물을 정복하고 사용하라고 말씀하셨는데 능력도 이미 우리에게 부여했다는 사실이다. 이렇기에 자신을 분석하고 더 알아가야 한다. 내가 아는 것은 나의 무능한 환경과 부자유스런 신체 조건만이 나를 대표하는 것이 아니다. 다이아몬드의 세공과 같은 원리다. 다이아몬드는 가장 귀한 보석이다. 그들이 처음 산과 암벽 깊은 곳에서 채취될 때는 여러 불순물들, 즉 돌과 철분, 그리고 이물질들이 붙어 있다. 마치 돌덩이와 같은 모양을 가졌다. 그러나 이것을 닦고 뜨거운 불에 정제하고 닦아내는 여러 세심한 시간과 세공의 과정을 거쳐서 마침내 멋지고 귀하고 영롱한 보석으로 태어난다. 최고의 가치를 지닌, 모든 사람이 귀하게 여기며 흠모하는 보석이 된다. 불순물들과 흠이 많은 성분에서 고온의 온도로 정제를 하니 세상에서 제일 귀한 영롱한 보석이 탄생하지 않는가!

정제의 시간, 훈련과 노력의 시간을 거쳐야 한다. 부족한 것을 없애려는 노력, 한 분야를 정복하려는 노력과 훈련이다. 세상의 모든 원리는 완전하고 걱정 없는, 순조로운 위치에서 바다를 순풍에 의지하고 항해하는 것보다는 없는 것에서 새로운 것, 힘든 여건에서 장애물 앞에서 멋진 작품을 만드는 것이 더 흥미 있고 값진 인생이 되는 것이다. 우주의 섭리요, 근본이고, 진리다. 나보다 여건이 좋은, 금수저 물고 태어난 이웃을 흠모할 필요가 없다. 그들의 삶은 힘들게 노력하며 개척하는 것보다는 쉽게 보장되고 변화를 요구하지 않는 삶을 원한다. 인생은 노력, 인내, 모험, 실패 가운데 역전의 기회가 찾아온다. 새로운 기회가 주어진다. 매일 배우며 사는 삶이 더 보람되고 흥미 있는 삶이다. 나의 단점 혹은 부족함을 슬퍼하거나 실망하지 말고 그것을 토대로 삶의 더 큰 그림을 그리고 만들어가야 한다. 언제까지 환경과 남만 탓하겠는가?

초점의 맞춤

초점을 맞추고 훈련하는 것은 멋진 작품을 만드는 데 필수적인 요소다. 특히 전문 분야는 더 말할 나위가 없고 배우고 싶은 것, 취미 생활에도 초점과 집중의 훈련이 필요하다. 초점을 맞춘 곳에 대한 인내와 노력, 기다림 속에서 걸작품은 태어난다.

한곳에 초점을 맞추어 그곳에 집중하면 시간이 걸리더라도 좋은 결과를 가져온다. 초점의 능력은 초자연의 정교함으로 완성품이 태어난다. 유명한 작곡가, 혹은 장인들의 작품을 보면 수많은 시련 가운데 오직 한 가지 목표를 두고 자신과의 싸움에서 승리한 결과의 걸작품인데, 후세까지 내려오는 진가의 보물들이다. 이들의 경험은 자신의 변화되어가는 과정을 보며 새로운 나를 발견하고 그것에 더 노력을 하고 결과로 깊은 경지에 이른다. 필수적인 것은 인내와 가다림이다. 더욱 깊숙이 파고 들어갈수록 새로운 능력의 체험을 한다. 자신감의 핵심 요소, 즉 나를 강하게 성장시키는 과정이다. 삶에서 일어나는 실패의 주요인은 처음 단계를 알아가는 단계에서 포기하는 것이다.

사람과의 관계에서, 혹은 낯선 환경과 물건을 접할 때는 어렵다. 익숙해지려면 일정 기간의 친근해지는 과정이 필요하다. 대상에 따라 두세 단계를 거쳐야 익숙해진다.

이러한 첫 단계를 통과하면 또 다른 길이 보인다. 노하우와 경험이 축적되어가고 있다. 경지의 첫 문이라고 말할 수 있다. 그러나 한곳에 집중력이 결여되면 쉽게 포기하고 다시 새로운 것을 찾아 이것저것 시작하게 된다. 다시 어려움과 더 큰 방해물을 만나니 곧 중단하고 만다. 다시 원점으로 돌아간다. 문제는 계속되는 반복의 악순환이다. 시도하는 것 모두 실패의 작품들이다. 일시적 인감정과 인내, 판단력의 부재에서 기인한다. 나의 분산되는 생각과 일시적인 감정에만 맡길 수는 없다. 그것은 수시로 바뀔 수 있다. 객관적인 관점에서 남의 조언도 들어보고 또한 자신에 대한 장단점, 전반적인 재점검이 필요하다.

당장 나타나는 결과에 기대하기보다는 좋은 면을 보고 원하는 결과의 장면을 생각하며 심도 있는 실행이 필요하다. 좋아 하고 끌리는 것에만 진실이 있을 것 같으나 조금 힘들고 싫어하는 것, 관심이 없는 것에도 숨어 있는 보화는 많다. 주위에서 그 사실들은 쉽게 찾을 수 있다. 유럽의 중세 시대에 수백 년을 거쳐 장인들의 고난도의 집중력과 기술로 건축된 교회와 성당들, 그들의 가치는 표현할 수 없는 귀중한 유물이다. 대장간에서 만들어진 정교한 모든 기구들은 장인들의 최대의 집중, 지구력, 기술이 접목된 최대 걸작품이다. 특히 일본 사람들이 자주 사용하는 칼에는 수백 년 이상 선조 때부터 내려오는 법도와 의미와 철학이 깃들어 있다고 한다. 그 안에 일본인들의 영혼이 깃들어 있다. 한곳에 심혈과 정성을 기울여 완성된, 그들만의 철저한 장인 정신이 스며든 칼들이 제일 고가의 품질로서 세계적인 명성으로 자리 잡고 있다.

쉬운 예로 한 직장에 오래 있지 못하고 이곳저곳을 옮겨다니는 사람들을 볼 수 있다. 본인도 대학 졸업 후 한곳에 정착을 하지 못하고 일 년에 3번 이상 직장을 옮겼다. 심사숙고하지 못한, 결국에 남는 것이 없고 후회가 전부였다. 참고 기다림, 자신의 이성에서 오는 판단보다는 일시적 감정에 의한 결과다. 경력을 나름대로 뽐낼 수 있다는(?) 헛된 자만감에서 나온 충동이다. 자신감은 나의 순간적인 외침, 충동이 아니다. 진정한 삶의 포커스가 어디에 있는가? 정리가 안 된 생각의 결과로 쌓아놓은 경험들이 원점으로 돌아가 시간의 낭비와 허탈감에 빠져 사회와 이웃에 등을 돌리고 실패의 삶이 된다. 인간과의 관계에도 초점이 필요하고 인내와 화해가 필요한 부분이다. 쉽게 만나고 쉽게 헤어지는 관계보다는 진실된 집중력, 한곳에 대한 포커스에 자신과의 싸움이다. 또한 기다림과 내구력, 인내가 필요하다.

인생길에는 이러한 무수한 과정들이 앞에 있다. 자신감은 이러한 과정을 통하여 완성이 된다. 인스턴트 과정은 온전한 자신감을 절대로 이룰 수 없다. 쉽게 찾아올수록 쉽게 떠난다는 격언이 있다. Easy come, easy go. 자신감은 한곳에 대한 인내와 집중력의 혼합체다.

피해자의
멘탈리티

이 세상에는 피해자만 있고 가해자는 없는 것이 요사이 현실을 보게 한다. 여러 가지 이유를 들어서 상대만 나쁘고 자신은 그들에 의하여 희생당했다는 이론이다.

최근 들어 정치권에서 혹은 사회와 매스미디어에서 유난히 약한 자의 인권, 평등과 피해자의 위치를 크게 부각시킨다. 그들은 한결같이 한목소리로 차별을 당했다, 혹은 이유 없이 억울하게 피해를 봤다는 주장이다. 모두가 자신들은 약자의 위치에서 억울하게 희생당했다는 주장이다. 물론 인간 사회에서 우리 모두가 강자에 의하여 부당한 차별로 그 결과 희생이 될 수 있다. 그러한 사례는 사실로 많이 존재했다. 특정한 사회 계급이 약한 사회 계급을 지배할 수 있다. 한편으로 인간 사회에서, 혹은 지상의 모든 동물 사회에서 나오는 결과라고 할 수도 있다. 결과만 보면 분명히 피해를 입었고 그 결과 힘든 과정을 지내야만 했던 기간이 많은 것을 볼 수 있다. 특히 강대국에 지배당하여 식민지 생활에서 무수한 역경과 고생을 견디어야 했던 기간들이다. 바로 러시아가 오래전에 자신들의 영토라고 주장하고 우크라이나를 침공한 것이다. 대표적인 무력을 이용한 침략 행위로 규탄을 받아야 한다. 그러나 많은 부분에서 그들이 그 원인 제공을 했다는 사실이다. 국가나 인간은 동물의 세계와 같다. 즉, 약육강식의 사회다. 약한 국가 혹은 사회, 개인은 강한 상대에 의하여 지배당하고 그들의 지배하에 들어간다. 아프리카인들이 백인들의 노예로 팔려 온 사례, 그 생활에서 수많은 박해와 차별을 당했다. 과거의 역사에 보면 우리나라도 일본에 속국이 되어 모진 박해를 당한 것을 볼 수 있다. 그러나 인간은 탐욕과 이기심으로 자신들의 배를 채우려는 본능이 있다. 늘 주위의 약한 국가나 개인에게 기회를 엿보고 침공하고 이용하려고 한다. 그러나 결과를 보고 판단할 것이 아니라 이러한 원인 제공을 하는 것은 그들의 책임이다. 대부분 자진해서 제공했거나 스스로 속국이 된 것이다.

약한 자나 가난한 사람들이 이구동성으로 주장하는 것은 강한 자와 부자들이 항상 착취를 한다고 한다. 독재국

가나 공산국가에서는 가능하다. 그러면 왜 자신들은 힘과 기량을 키우지 못하고 오랫동안 피해자의 위치에 계속 남아 있어야 하고 그들을 원망만 하여야 하나? 예를 들어볼 필요가 있다. 한국은 늘 일본을 미워한다. 동남아 일본의 지배하에 있었던 국가는 모두 일본을 미워한다. 특히 우리나라의 경우는 그것을 정치적으로 이용하여 더 심각하다. 우리나라의 역사를 보면 무능한 왕들과 탐관오리들이 너무 많았다. 특히 이씨 5백 년 조선시대의 왕조를 보면 중국의 속국을 자처해서 무수히 조공을 갖다가 바쳤다. 원인은 양반과 상놈의 계급이 뚜렷한 사회, 그리고 같은 민족끼리 노예로 삼는 경우는 우리 민족밖에 없었기 때문이라고 역사학자는 설명한다. 이렇듯 강한 집단과 개인에게는 무조건 항복의 백기를 드는 멘탈리티가 점차적으로 민족성으로 형성되었다고 보는 것이다. 당파 싸움만 하여 나라의 발전과 안보는 뒷전이 됐고 자신들의 안이와 배만 불리는 탐욕과 부패가 상당히 심했다. 양반 계급의 헛된 위선들, 나라를 저해하는 양반과 상놈의 계급에 의한 차별 의식, 나라의 왕 그리고 그를 추종하는 탐관오리들이 나라를 일본

만능열쇠 자신감

에 파는 매국 행위를 했던 것이다. 정치인들은 우매한 국민들을 이용하고 속여왔던 것이다. 역사를 진실을 감추고 왜곡하고 정치적으로 이용을 했던 것이다.

여기서 반드시 우리의 잘못을 솔직히 성찰해볼 필요가 있다. 물론 식민지 국민으로 선조들이 온갖 박해와 수모를 당한 것에 울분과 분노가 나온다. 독립을 위하여 생명을 던져 싸운 투사들, 선조들에게 그들의 충정스런 애국심에 무한한 경의를 느낀다. 우리는 여기서 왜 희생자, 패배자로서 의식을 갖고 있는 것인지 물어볼 필요가 있다. 몰지각한 왕들, 그리고 부패한 관리들의 탐욕이라고 보는 것이다. 과거의 잘못을 솔직히 인정하고 그것을 반면교사로 삼아 다시는 반복하지 말아야 하는 교훈을 철저히 깊게 새기고 명심해야 한다. 그 당시의 사대주의에서 벗어나 나만의 힘과 기량을 쌓으며 외부의 적과 대적할 필요가 있다. 다시는 이러한 선조들의 수모와 실수를 범하지 말아야 한다. 이러한 역사적인 오점을 과감하게 씻어내고, 통감하고, 다시는 반복되지 않도록 법제화시키고, 철저한 계몽이 있어야 한다.

이것이 바로 패배자, 피해자의 멘탈리티다. 이제는 그러한 피해자의 생각에서 탈피하여 동등한 입장에서 그들과 함께하고 당당히 경쟁해야 선진국과 나란히 서는 위치에 있을 수 있다고 본다. 나의 잘못은 기억하지 못하고 상대방의 잘못만을 지적하는 것이다. 비난의 한 손가락이 상대를 향하면 나머지 손가락들은 나에게 향하는 것처럼 차별도 마찬가지다. 내가 차별받을 만한 여건을 만들었으니 당연한 결과가 생긴다. 경찰에게 위협적인 행동을 했으니 체포당하고 법의 심판을 받아야 한다. 매우 중요한 사실은 이러한 피해자의 의식이 대대로 이어지는 개인과 나라의 운명을 좌우한다는 점이다. 결국은 모든 잘못을 상대의 탓으로 돌린다. 인권과 차별의 문제가 아니다. 가난하게 산 사람들의 역사와 그들의 생활을 보면 공짜로 받기 좋아한다. 그리고 자기의 책임을 온전히 감당하지 못한다. 사회 법규와 질서를 잘 지키며 자신들의 실수를 인정하고 맡은 일에 최선을 다하면 '희생자'라는, 자신들이 만들어놓은 프레임에서 해방되고 이웃과 동등하게 어깨를 나누는 위치가 될 것이다.

한 국가 혹은 사회, 그리고 개인을 막론하고 어려운 환경과 형편이 끊임없이 생긴다면 자신들을 돌아보는 시간들이 필요하다. 대대로 내려오는 잘못된 멘탈, 그리고 나름대로 그 환경에서 벗어나는 획기적인 그리고 건설적인 개선과 자구책을 만들어야 한다. 이러한 혁신이 없이는 평생 희생자, 피해자의 멘탈 함정에서 벗어나기가 어렵다. 남에게 이유와 비난을 돌리며 신세 한탄을 하고 결국은 자신들이 만들어놓은 심각한 콤플렉스에 빠져서 그 해결점은 보이지를 않는다. 과거의 피해 의식을 털어내고 혼자 서는 긍정적 방법을 모색하여야 한다. 할 수 있으면 국가나 이웃의 도움에도 그만 의지하고 내가 홀로 일어서는 자구책을 만들며 살아야만 그 후손들이 본을 받고 스스로 일어나는 방법을 배우게 된다. 승리자의 멘탈리티로 바뀌는 것이다.

생선을 갖다주기를 바라는 것보다 생선 잡는 방법을 배워야 한다. 조상 때부터 부당히 차별받고 여러 좋지 않은 예를 들어서 자신들을 정당하게 합리화시키는 것보다 그 틀에서 인정하고 일어나야만 살 수 있다. 사회와 정치인들이 자신들의 권력을 유지하기 위해 무상의 혜택을 제공하고 있으니 결국은 희생자들을 일어서지 못하게 어두운 곳으로 집어넣는 결과가 된다. 그것을 인정하고 거부하는 것은 전적인 개인의 몫이다. 이제는 이웃 부자나 권력자를 미워할 필요가 없다. 그만큼 세상이 변했고 숨겨져 있는 비밀들이 밝혀지며 위치가 상당히 개선됐기 때문에 서로 동등하게 상호 돕는 관계로 화친해야 한다.

부자는 자신만의 많은 노력과 실패를 통하여 이루어낸 위대한 업적이다. 그들이 당연히 받는 수고의 대가인데 그들에게 질투하며 자신들의 잘못을 자신보다 나은 사람들에 돌리는, 착취당한다는 허망한 생각은 버려야 한다. 명심할 것은 과거의 교훈을 마음 깊이 새겨보자. 우리 모두에게는 허물이 있다. 강력한 자신감은 내가 '희생양'이라는 관념에서 벗어나 올바로 자신을 나타내고 당당히 경쟁하며 주어진 업무에 책임을 다하고 사회의 일익을 담당하는 것이다.

행동하는 능력

독수리 새끼가 어미가 가져다주는 먹이만 먹다가 어느 날 어미가 새끼를 둥지에서 쫓아버린다. 어린 새끼는 준비가 안 된 상태에서 둥지를 떠날 수밖에 없다. 그때부터 세상을 보고 혼자 먹잇감을 사냥하며 세상을 보며 배운다. 새로운 세계를 보며 성장하는 기회가 온 것이다. 바로 생존하기 위한 실질적 행동의 시작이다. 경험해 보지 못한 새로운 세계가 전개되는 것이다. 어린 사자가 어미의 품을 떠나 나만의 삶을 개척하는 것도 바로 생존하기 위한 대담한 행동의 시작이다. 허기진 매순간 다가오는 위험에 대항하여 싸우며 또한 자신과 새끼들을 보호하고 먹잇감을 얻기 위해 사냥도 해야 하며 추운 겨울을 피하기 위하여 도피처도 만들고 수없는 모험의 연속과 투쟁의 과정을 통하여 동물 세계의 치열한 먹고 먹히는 냉혈한 상황에서 강자로 남고 또한 살아남을 수 있다.

이렇듯 모든 동물의 세계는 생존하기 위하여 대담한 모험과 행동들을 매 순간 해야만 한다. 인간의 생존 세계는 다른 동물의 세계보다 절실히 그 필요성을 느낀다. 세상의 삶이 치열히 경쟁하며 도처에 지뢰가 묻혀 있는 삶이다. 생존해야 하는 행동이 연속되는 삶이다. 행동, 이것이 없으면 도태되거나 멸종되고 만다. 우리는 이처럼 직면한 전투에 임하는 전투 병사처럼 치밀한 작전 계획과 과감한 행동이 필요하다. 행동이 가져다주는 지대한 영향에 대하여 몇 가지 알아보자.

첫째, 행동은 우리를 더 성장시킨다. 말과 생각보다 실질적인 행동을 통하여 생기는 결과가 큰 효과를 거둔다. 이유는 행동으로 우리의 상상을 넘는 좋은 결과로 이어지기 때문이다. 말과 생각이 주제가 되고 따르는 행동이 없으면 결국 실패로 이어진다.

둘째, 행동을 통하여 변화 예측의 더 넓은 가능성을 배운다. 더 큰 세계를 발견하는 것이다. 결과의 대소가 크거나 작을지라도 경험을 토대로 다음의 작전을 만들 수가 있다. 행사나 문제에는 잘못되지 않을까 하는 의심과 두려움이 따라온다. 그러나 막상 실행으로 옮기면 상상 외로 순조롭게 진행되어 좋은 결과를 가져온다. 생각이 너무 많으면 반대의 결과를 가져온다. 행동이 없는 생각은 망상에 그친다. 결국은 두려움으로 올 수 있다. 결국에 도전과 개척하는 기회를 막는다.

셋째, 행동의 결과로 더 큰 도전을 하게 하며 두려움이 없어지고 담대함과 자신감을 가져온다. 필자가 초등학교 시절 아버지께서 새벽이면 일찍 나를 깨워서 앞에 있는 산에 거의 매일같이 오르곤 했다. 아버지는 국민학교 교장 선생님으로 일하셨고 특히 자녀들에게는 교육의 중요성에 대한 강조를 많이 하셨다. 그때 아버지는 자주 나에게 인생 사는 방법에 대한 실제적인 여러 가지 좋은 이야기를 해주셨다. 그 가운데 반복적으로 싫증날 정도로 듣던 이야기 하나가 있는데, 바로 '오뚜기의 칠전팔기 정신'이다. 내용인즉, 인생은 마라톤 경기다. 뛰다 보면 넘어지기도 한다. 넘어지면 오뚜기처럼 다시 일어나라. 그리고 행동으로 계속 뛰어라. 7번 넘어지면 8번째 다시 일어나 뛰라는 말씀이다. 아버지 자신도 젊어서 여러 병으로 고생을 하셨으나 강한 멘탈로 일어나신 자신의 좋은 경험담이다. 그 당시는 정말로 듣기 싫었던 이야기인데 다시 생각하면 정말로 귀중한 보화의 말씀이다. 무엇보다 이 책을 만들게 해준 동기가 된 시간이었다. 즉 도전정신, 삶에 4계절이 찾아오듯이 더울 때, 추울 때, 눈, 폭풍우가 지나가더라도 넘어지지 말고 군건하게 어려움을 견디며 헤쳐 나가라는 말씀이었다. 나는 7남매 중에 제일 막내로 태어나 제일 약하다고 생각하셨다. 말씀 따라 나름대로 힘들고 어려울 때마다 그 말씀을 잊지 않고 노력하며 실행하며 살아왔다. 때만 되면 필자의 두 아이들한테도 할아버지의 귀한 인생 교훈을 자주 가르치고 있다. 다행히도 그 뜻을 잘 받고 나름대로 칠전팔기 정신으로 노력하며 각자 인정받는 위치에서 맡은 바 최선을 다하고 열심히 살고 있다. 감사하고 고마울 뿐이다.

세상이 아무리 변해도 인생의 진리와 원리는 변하지 않는다. 행동을 적극적으로 하다 보면 행동은 또 다른 업그레이드된 행동을 가져온다. 결국 적극적인 행동의 반복으로 인하여 원하는 성취의 목적이 이루어진다. 우리의 주위에 있는 모든 성취는 완전하게 준비된 여건 가운데 이루어지는 것은 하나도 없다. 지금이 기회의 시간이라고 생각하면 지금이 행동할 최적의 시기다. 아직 때가 아니다, 조금 더 기다리고 더 준비하고 시작해야 한다고 하면 하지 않으려는 변명에 지나지 않는다. 완전한 시기는 없다. 완전하고 편안한 것에 안주하지 말자. 부족한 가운데서 시작을 하면 실패를 하더라도 귀한 경험과 배움이 된다. 물론 준비가 안 된 여건에서 무모하게 시작하는 것은 아니다. 눈사람을 만들 때도 어느 정도 뭉쳐져야 한다. 근본적인 여건은 준비되어 있어야 한다. 그렇다 하더라도 중간에 부서지는 일이 부지기수로 많다. 그것을 다시 뭉쳐 만드는 가운데 바로 행동의 계속으로 시행착오도 생기고 보완하는 방법도 배우며 마침내는 반복적으로 더 큰 눈이 합쳐져서 제대로 형태를 갖춘 큰 눈사람을 만들 수가 있다.

실패하더라도 다시 시도하면 이루어진다. 준비가 조금 부족하더라도 실행에 옮기는 것이다. 지금 바로 시작하는 것이다. 문제는 우리는 형편이 나아질 때만 오길 바라고 있다는 점이다. 이런저런 이유로 미루기를 계속한다. 지금처럼 편리한 삶은 없을 것이다. 편안함에 안주하고 두려움과 부정적인 생각들로 인하여 결국은 계획을 포기하게 된다. 우리 마음 가운데는 두려움이 가득하다. 혹시나 실패라도 하면 다 잃는다는 선입견이다. 이런저런 이유가 앞선다. 절대적인 용기가 필요하다. 세계의 위대한 인물들, 성공한 사업가들의 업적을 보면 그들의 삶에서 완전한 시기는 한 번도 없었다. 모두 열악한 위치에서 위험과 의심을 감수하고 여러 실패를 거치고 결국은 행동의 결단이 이루어낸 업적들이다. 투쟁을 하며 목적을 이루어내는 것에 희열감과 승리감을 느낀다. 실패도 성공에 한 걸음 더 가까워졌다는 마음으로 임하는 것이다.

현대건설의 창시자인 정주영 회장은 사업 계획을 발표하고 반대하는 사람들에게 '해보기나 했나? 안 했으면 말을 말라'라는 말로 반대 의견을 설득시켰다고 한다. 심지어는 배 한 척도 만든 경험 없이 유럽에서 대규모의 배를 수주한 것은 유명한 그의 특유한 모험과 배짱, 그리고 두려움 없는 행동이었다. 이들은 해결의 최선책이 행동에서 나온다는 것을 너무나 잘 알고 있다. 행동에는 모험이 따른다. 우리 삶에는 모험이 아닌 것이 없다. 다른 분야를 개척하는 것, 새로운 것을 배우는 것, 새로운 사업을 시작하는 것 등, 이 모든 것은 모험 없이는 불가능하며 정확한

행동하는 능력

분석과 과감한 실행이 뒷받침이 되어야 한다.

　우리나라가 선구적인 역할을 하는 여러 분야의 기업들을 보면 부딪치며 해결하는, 즉 과감한 행동들이 밑받침이 된 성공적인 예들이다. 나이키의 모토는 Just Do It! 말 그대로 지금 행동으로 옮기라! 광고를 보는 사람들에게 '지금 우리 제품을 구매하라!'라는 메시지다. 자리에서 주춤하지 말고 행동으로 옮기라는 뜻이다. 특히 광고물이 운동화라는 의미가 있어 광고의 의미는 뜻을 더해준다. 또한 군대에서 흔히 사용하는, '안 되면 되게 하라'라는 명령은 우리에게 주는 교훈이 크다.

　사람들이 임종 시 마지막 유언에 제일 후회되는 말이 '해볼걸'이라는 말이라고 한다. 세상을 마지막 작별하면서 못다 했던 일들이 가장 후회가 된다고 한다. 행동하지 않은 것에 대한 안타까운 후회다. 나의 삶을 되돌아보면 시도를 해보지 못한 여러 계획에 안타까운 마음이 찾아온다. 이유는 '때가 아니다', '너무 큰 계획이다', '실패라도 하면?', '두렵다', '자신이 없다' 등 여러 가지 이유에서 나의 발목을 잡는다. 이런 이유들은 내가 스스로 만들어놓은 함정이고 장애물이다. 세상의 모든 일은 때가 되고 모든 일이 준비된 상태에서 이루어진 것은 아무것도 없다. 일부분 때가 되어야 할 수 있는 특정 분야가 있다. 세상의 모든 계획은 세운 후 과감하고 적극적인 행동에 의하여 이루어졌다. 특히 큰 프로젝트는 위험하고 예측 불능이나 언제나 후속의 행동을 통하여 완성이 됐다.

우리의 하루는 계획으로 시작한다. 수많은 계획을 쏟아놓는다. 중요한 것은 언제 행동에 옮길 것인지다. 계획, 생각에서 끝나는 것이 아니라 무엇보다 행동이 따라야 한다. 물론 손익 계산을 생각하고 혹 실패라고 하면 후속책은 무엇인지도 염두에 둬야 한다. 실패하더라도 실패는 성공의 어머니라는 교훈을 새긴다. 오히려 우리에게 얻는 것이 더 많고 손해 볼 것이 없다. 절망은 아무것도 할 수 없는 게 아니라 하지 않는 것이 더 절망이다. 실패하면 다시 시작하면 된다. 우리에게 주는 교훈은 더 크다. 한 번에 성공되는 프로젝트는 거의 없다. 어느 작품이든지 여러 번 시행착오를 거듭해서 훌륭한 작품이 완성된다. 전구를 발명한 에디슨은 2,000번의 실행을 통하여 전구를 만들어냈다. 실패하더라도 오뚝이처럼 다시 일어나는 실행과 행동만 성공으로 인도한다.

우선 나의 삶에 변화를 원하는 것들, 그리고 목표가 가능하고 현실화되는 것들을 행동으로 시작을 해보는 것이다. 행동은 용감함이 따르고 결과로 담대함과 자신감과 성취감이 따라온다.

만능열쇠 자신감

호기심의
위대한 선물

호기심은 세상 모든 것의 시작이다. 모든 창조의 시작이다. 미래의 안내자 역할을 한다. 국가, 사회 혹은 개인의 발전은 '호기심'이라는 발상에 의하여 이루어진다. 나아가서 이것이 사회와 한 국가의 흥망성쇠를 가늠한다. 즉, 한 국가의 미래는 강한 호기심이 없으면 치열한 국제적인 경쟁에서 도태되고 만다.

　　호기심의 부재는 인간 핵심의 원동력을 잃는 것과 같다. 깊고 강한 호기심일수록 더 많은 세계를 경험하며 차원 높은 삶의 창조물을 만든다. 문화, 예술, 과학, 그리고 인문학의 세계를 넘나들어 모든 인간의 의식 면에서 없어선 안 될 다양한 정신과 마음을 포함한다.

　　호기심은 무엇인가? 관심 있는 사물이나 특정 분야, 그것을 알고 또한 성취하고 싶어 하는 마음으로 정의를 내린다. 어떤 존재나 이유에 대하여 관심을 보이며 알려고 하며 생동감과 열정으로 주위 사물에 대하여 끊임없는 질문을 하는 성향이 있다. 호기심은 자발적인 성향이 강하고 지식을 잘 습득하고 항상 의문이 마음속에 있어 끊임없는 질문을 던진다.

우리는 어릴 적 어린아이의 기호를 관찰할 필요가 있다. 대개 그것이 아이 삶의 전부를 만든다. '대성할 아이는 그 싹을 보라'라는 말이 있다. 세 살 버릇이 여든까지 간다는 것은 이것을 두고 한 말이다. 인간이 태어나면서부터 성장 과정을 통하여 나타나는 특징이다.

나에게는 손자와 손녀가 있다. 모두 그렇듯 무척 귀엽다. 각각 나름대로 개성과 호기심이 뚜렷하다. 공통적으로 어린아이들은 그들 나름대로 타고난 순수한 호기심이 많다. 손자 녀석은 자동차를 유난히 좋아한다. 바퀴도 만져보고 어디를 가든지 온통 자동차에 관심뿐이다. 그러나 손녀 아이는 길을 걸어가면 꽃이나 돌이나 그리고 특히 작은 꽃, 나뭇가지 줍는 데 정신이 팔린다. 앉아서 한참 동안 관찰한다. 모두 나름대로 호기심으로 인한 집착이 너무 강하다.

모두 이러한 동기 유발이 자신들의 중요한 가치관을 만드는 동기다. 이러한 과정 가운데 수많은 경험을 하게 하고 또한 여러 책을 많이 읽게 하여 다방면에서 자신이 하고 싶은 호기심을 키우고 발전시킨다. 호기심과 궁금증이 발동하니 질문이 많고 한곳에 더 깊게 집중한다. 이 모든 것이 태어날 때부터 각자가 타고난, 즉 하늘에서 주신 성품이요 특징이라고 할 수 있다.

어린아이가 성장할 때 유난히 곤충에 관심이 많았다. 특히 거미와 전갈에 무척 호기심이 많았다. 종종 길을 가다 곤충을 발견하면 그곳에 엎드려 오랫동안 관찰하여 주위 사람으로부터 광기 있다고 오해를 많이 받았다. 곤충의 세계적 학자인 Fabre 박사의 어린 시절 이야기다. 자동차의 시조라고 할 수 있는 헨리 포드, 자동차에 대한 그의 호기심과 그에 따른 열정이 자동차의 대명사로 인정되었다. 비행기의 발명가 라이트 형제는 인간이 어떻게 하면 날 수 있나 하는 끊임없는 호기심의 결과라고 할 수 있다. 그 형제는 기체나 수소의 도움 없이 동력으로 세계 최초 시험 비행에 성공했다. 806번째 실패를 통한 성공의 귀중한 결실이다. 이 모든 동기가 인간의 본능에서 나오는 강한 호기심이다.

이와 같이 호기심이 변하여 희망과 열망으로 발전한

다. 이것들은 끊임없이 계발해야 할 우리의 필수적 과제다. 각자 나름대로 한 분야에 관심과 무엇인가 한곳에 호기심을 끊임없이 품은 결과다. 인간은 각자의 가치관의 변화 혹은 삶의 실패, 상처, 세파 등에 의하여 가지고 있는 자신들만의 귀한 보물을 발견하지 못한다. 이것을 찾아내고 계발하여야 한다.

호기심도 여러 종류가 있음을 본다. 개인과 사회와 나라를 살리는 호기심, 아니면 반대로 자신, 인류 사회, 국가를 망치는 히틀러와 스탈린, 김일성과 같은 살인 괴수로 전락하는 악의 중심이 된 호기심이 그것이다. 세계적인 인물 모두가 좋든 나쁘든 호기심에서 시작되어 변화되고 끊임없는 노력의 결과다. 어떻든 이것이 없는 사람은 아무도 없다. 물론 적고 많음의 차이, 그리고 선과 악의 동기 차이는 있다. 우린 깊게 묻혀 있는 선하고 긍정적인 양질의 호기심을 다시 발견하고 내 것으로 만들어야 한다.

평소에 호기심이 없어 보이나 후천적인 계발이 필요하다. 열린 마음으로 사물을 바라보며 개방된 생각이 필요하다. 우린 안에 잠재하고 있는 호기심을 계발하고 닦고 다이아몬드처럼 빛나는 존재로 만들어야 한다. 이것에는 훈련이 필요하다. 나의 호기심은 무엇인가? 내가 원하고 바라고 하고 싶은 것이 무엇인가? 내가 자신 있다고 하는 부분은 무엇인가? 수시로 관심을 갖고 자신에게 물어야 한다. 조용한 시간, 자신에게 호기심에 대한 질문을 수시로 해야 한다. 매우 중요한 부분이다. 그것들을 마음 가운데 크게 유발시켜야 한다.

호기심 많은 사람의 특징은 외부의 변화에 동화가 빠르며 만족도가 높고 성장 가능성에서 월등한 우위를 차지한다. 호기심 없는 개인, 사회, 국가는 겉으로 형체만 살아 있지 정지된 상태와 같은 것이다. 살아 있다 함은 생명이 있는 것인데, 특히 인간에게는 이것보다 한 차원이 높은 호기심의 발동이 바로 그것이다. 배움의 원동력이 되고 인간관계를 차원 높은 단계로 끌어내며 삶의 만족도를 높인다. 이것에서 엄청난 힘이 나온다. 개인의 작은 호기심이 세계를, 그리고 우주 전체를 흔드는 힘이 있다.

스티브 잡스, 일론 머스크, 리차드 브랜든 등 그 밖에 모든 분야에서 획기적으로 앞선 인물들은 호기심이 대단한 게임 체인저 역할을 하고 있다. 그들의 모든 호기심에 따르는 연구와 노력의 결과라고 보는 것이다. 이렇듯 성장의 근본은 호기심에서 시작된다. 각종 맹수도 각자의 본능, 즉 생존하는 본능의 호기심은 다 가지고 있다. 아름다운 꽃과 식물, 살아 움직이는 생명체 모두 생존을 위한 호기심이라는 것을 갖고 있음을 볼 수 있다.

호기심은 바로 에너지와 자신감과 직결된다고 본다. 회사에서는 호기심 많은 인재를 우선으로 뽑으려고 한다. 그들은 회사의 사업에 더 창의적, 합리적인 결정을 내리고 사업의 실적을 개선하며 불확실한 미래와 외부의 압력에 더 잘 적응한다. 직원들에게 더 많은 존경도 얻고 직원한테 신뢰와 협동심을 고취시킨다.

여론조사 기관인 갤럽에 의하면 탁월한 기업가 중에는 호기심 많고 창의적인 사람이 많다는 보고서가 나왔다. 하버드 비즈니스 리뷰는 호기심은 지적인 능력 이상으로 중요하다고 한다. 관계에서 사회적인 호기심은 회사 직원들과 동료와의 갈등을 해소하는 데 뛰어난 능력이 나오고 유대 관계, 헌신하는 분위기를 만들어준다고 한다. 최근 경쟁하듯 개발 중인 AI 인공지능, 그리고 ChatGPT 분야에서는 무엇보다 호기심이 근본 정책이다. 이것이 부재하면 의식의 성장, 창의성, 상호의 협업도 생겨날 수가 없다.

삶에서 별로 호기심이 없다면 물 탄 듯한 하루하루의 무의미한 삶이 될 것이다. 왔다가 떠나는 무의미한 인생뿐이다. 우리는 삶에서 무엇인가를 후손에게 남기고 떠나야 한다. 물질보다 스스로의 잠재력을 깨워주고 그것을 계발하는 훈련을 남겨줘야 한다. 변화하고자 하는 호기심, 발전하기 위한 호기심, 성장하고자하는 호기심 등 무엇인가 궁금한 것이 많다. 이것이 모여 성장과 발전을 이룬다.

개인과 국민들의 더 알고자 하는, 그리고 배우고자 하는 호기심, 어떤 분야에 대한 사소한 호기심이 바로 국가와 사회, 그리고 가정을 건전하게 만들며 성장시킨다. 선진국의 대표적인 특징은 호기심에 의한 창의성, 그것을 성취하기 위한 노력이 후진국보다 월등히 뛰어나다는 점이다. 국가 차원에서 국민들의 호기심을 일깨워 새로운 미개척 분야를 창조하고 개척하는 정책을 강하게 권장하고 수많은 예산을 그곳에 물심양면 지원하는 것이다. 이러한 호기심을 유도하는 정책으로 강국과 약소국이 구분된다.

개인도 마찬가지다. 성장시키는 가장 중요한 요인은 바로 호기심의 발동에서 시작된다. 이것은 곧 나를 성장시키며 결국 자신감의 역할에서 없어서는 안 될 중요 요소가 된다. 호기심은 모든 인간의 조직을 왕성하게 하는 기폭제가 되며 그것으로 생성되는 호르몬이 노화 현상을 막는다. 주위에서 왕성한 활동을 하는 노인일수록 건강하며 오래 장수한다. 이 모든 것이 호기심의 충동이 원인이다.

우리의 타고난 성격은 바뀌기 쉽지 않다. 그러나 조금씩 마음에 충동의 호기심을 주입해보자. 자신감의 중요한 원천이 된다. 충동은 나의 큰 원동력이고 삶의 진정한 의미를 심어준다.

When you create desire, profits are consequence.
호기심은 노화를 멈추게 한다.

– Bernard Arnault, LVMH Empire

(Louis Vuitton, Christian Dior, Henessey, Tiffany)

자신감의 실행 규칙

1. 배워라, 인생은 배우며 간다.

2. 역경을 껴안으라. 훈련의 대상이다.

3. 인생의 로드맵을 세워라.

4. 도전과 모험을 실행하라.

5. 긍정적이고, 당당하고, 변화하라.

6. 부정적인 말을 조심하라.

7. 도움을 베풀어라.

8. 교만은 멸망의 지름길이다.

9. 호기심과 열정을 가져라.

10. 부모를 공경하라.

11. 감사하라.

12. 하나님께 기도하라.

후 기

    사회의 불안감이 어느 시대보다 더 커지고 있음을 도처에서 발견할 수 있다. 사회와 가정의 기본 질서를 파괴하는 새로운 이념들이 나오고 마치 진실인 것처럼 모든 미디어를 지배하고 있다. 특히 인간과의 교제, 소통, 대화 등이 점점 말라가고 있고 컴퓨터의 발달로 인하여 순수했던 인간 본연의 열정이 많이 식어가는 것을 본다.

    오랜 미국 생활의 긴 세월이 바쁜 생활로 인해 가는 줄도 모르게 빨리 지나갔다. 생각과 풍습과 언어와 생김새가 다른 이방 사회에서 열심히 쌓아온 노하우가 독자들에게 크게 도움이 되었으면 하는 바람이다.

현시대의 생활은 특히 독립성과 창조성과 따르는 능력, 과감성, 열정이 필요한 것이 절대적인 필요 요소다. 방황하는 공허한 정신세계에서 나만의 고유 능력을 다시 회복시키는 것이 중요한 이슈다. 이것만이 인간의 존엄성을 살리고 그리고 나만의 삶에서 귀한 목적대로 쓰임을 받는 존재가 되는 것이다.

인간 본연의 자세로 돌아가 잃었던 귀한 정체성, 능력, 목적을 다시 찾아야 하는 이유가 있다. 삶의 도전과 힘이 되어 자신감 넘치는 삶이 되기를 간절히 바라는 마음이다.

문덕연